PHARASIUS

RÉORGANISATION SOCIALE

Conférences publiques

Faites à Montmartre

avant les élections législatives de 1914

PARIS
P. ROUX DELISLE, ÉDITEUR
14-16, BOULEVARD BARBÈS, 14-16

1914

RÉORGANISATION SOCIALE

PHARASIUS

RÉORGANISATION SOCIALE

Conférences publiques

Faites à Montmartre

avant les élections législatives de 1914

PARIS
P. ROUX DELISLE, ÉDITEUR
14-16, BOULEVARD BARBÈS, 14-16

1914

SOMMAIRE

CRITIQUE
DE LA
CONSTITUTION DE 1875
ET DU
PARTI RÉPUBLICAIN

Première Conférence

faite au Rocher Suisse, le 4 Février 1914

(le Transformisme)

CITOYENNES, CITOYENS,

Candidat, aux prochaines élections législatives, dans votre circonscription, je viens vous exposer mon programme, et le développer.

La période électorale commençant au mois d'avril, peut-être allez-vous trouver que je m'y prends un peu tôt pour vous faire connaître mes idées ? Je répondrai à cette objection possible par deux raisons :

La première, c'est que j'ai beaucoup de choses à vous dire.

Je vais, en effet, vous soumettre un plan rationnel et complet de réorganisation sociale.

Vous avez vu que je m'intitule, sur mes affiches, *républicain transformiste*, il faut donc que je vous présente *le transformisme*, et, pour cela, six conférences seront indispensables : les trois premières porteront sur la critique des trois grands partis politiques, c'est-à-dire parti républicain, parti réactionnaire, parti socialiste, et les trois dernières sur l'organisation d'une société nouvelle, basée sur ledit *transformisme*, organisation envisagée au triple point de vue théorique, pratique et de réalisation.

Ces conférences auront lieu tous les quinze jours, dans cette salle, le mercredi soir.

Si je consacre trois conférences à la critique des trois partis politiques proprement dits, c'est afin de bien vous convaincre que chacun d'eux se trouve, à l'heure actuelle, dans l'impuissance absolue de résoudre n'importe quel problème social, et cette critique doit justifier, selon moi, la nécessité de l'adoption du *système transformiste*, que je vous exposerai ensuite.

La seconde raison, qui me fait me présenter déjà devant vous, est d'ordre strictement personnel : je suis un philosophe indépendant, tout à fait étranger au monde et aux choses de la politique; je n'appartiens à aucun parti — d'ailleurs je les critique tous — aucun parti, par conséquent, ne me soutient. Aussi, n'ayant pas d'agents électoraux, ni de comité de propagande, subventionnés par des caisses politiques, ou entretenus à mes frais — mes moyens ne me permettant pas de le faire — je me trouve dans l'obligation de payer de ma personne, et de commencer ma campagne de suite, pour pouvoir vous soumettre mon programme en entier.

(la Constitution de 1875)

Je commencerai donc, aujourd'hui, par la critique de l'orgnisation de notre République et du parti gouvernemental ou parti républicain.

Auparavant, je vais vous faire une citation, très courte, tirée du discours de Gambetta, à Belleville, le 14 février 1876 :

Il ne faut jamais se payer de mots, ni de phrases... mais faire son choix entre l'enthousiasme et la raison, entre la politique des résultats et la politique de la rêverie... la politique des résultats est la seule qui soit véritablement conforme aux intérêts de la démocratie... mais cette politique n'est jamais et ne peut pas être toujours la même; la politique d'aujourd'hui ne sera pas celle de demain... elle changera avec nos intérêts, avec nos besoins, avec nos hostilités, avec ce qui se produira en Europe sur tel marché, en présence de telles conditions économiques, financières ou militaires qui pourront déplacer l'axe de cette politique. Et alors je dis qu'il y a lieu de modifier la conduite politique d'après les changements mêmes subis par le monde... car la politique est affaire de tact, d'étude, d'observation et de précision.

Je vais m'appuyer sur l'autorité de ce grand homme d'Etat, pour vous démontrer que le parti républi· ain tout entier se condamne lui-même sans rémission aujourd'hui, en restant obstinément attaché à la Constitution de 1875, laquelle ne répond plus maintenant aux besoins, aux exigences de notre société moderne.

Certes, je reconnais qu'à l'époque où elle a été promulguée, cette Constitution marquait un sérieux pas en avant fait dans la voie du progrès; du reste, elle n'a été obtenue qu'au prix des plus grands efforts des républicains du moment, auxquels je rends hommage; toutefois, après avoir payé sans réserve mon tribut d'admiration à nos devanciers, je ne puis m'empêcher de reconnaître aussi que le temps a marché, et que l'organisation sociale qu'ils nous ont léguée est absolument défectueuse à présent : dans ce siècle, prodigieux d'activité et fécond en inventions nouvelles, le char de l'Etat ressemble à une bonne vieille diligence du temps jadis ! Si les charmes de ce mode de locomotion ont été chantés par nos aïeux, qui n'en connaissaient pas de meilleur, convenez avec moi qu'il est quelque peu antique aujourd'hui que nous possédons des automobiles et des aéroplanes !

« La politique doit marcher avec le progrès », a dit Gambetta : je vais vous démontrer, en faisant la critique de la Constitution de 1875, que non seulement le parti républicain reste figé dans de vieilles formules, qui n'ont plus aucun sens de nos jours, mais encore que ce parti constitue un véritable danger national, parce qu'il paralyse la libre évolution sociale de la France !

Je vais probablement vous étonner, Citoyens, si je vous dis que la Constitution de 1875 est une Constitution monarchique et nullement une Constitution républicaine !... Eh bien ! telle est pourtant la vérité : nous ne sommes pas en République !

Voici, d'ailleurs, les conditions dans lesquelles cette Constitution a été élaborée: après les désastres de 1870 et la déchéance de Napoléon III, le parti monarchiste, tenu à l'écart depuis la chute de Louis-Philippe, profita de la faillite du parti bonapartiste pour se reconstituer solidement; il devint à peu près tout-puissant après la répression formidable de la Commune par le Gouvernement provisoire de Versailles; il fit nommer, après la démission de M. Thiers, le maréchal de Mac-Mahon, président de la République — si l'on peut appeler de ce nom le Gouvernement d'alors — et il faillit, en 1873, rétablir la monarchie, en appelant au trône le comte de Chambord, sous le nom d'Henri V; mais le prétendant refusa d'accepter le drapeau tricolore et entendit régner en monarque absolu : alors, l'Assemblée Nationale, consultée, vota, à deux voix de majorité seulement, tellement était grande l'opposition des députés monarchistes, le maintien de la République !

A vrai dire, la République n'existait que de nom, et ce n'est que deux ans plus tard que le parti républicain, qui était parvenu à se reconstituer à son tour, malgré les plus violentes persécutions des réactionnaires, fit voter, avec les plus grandes difficultés, la Constitution de 1875.

La nouvelle Constitution satisfit tout le monde, ou plutôt ne mécontenta personne : les républicains virent dans sa promulgation la consécration officielle de la République, ils n'en demandaient pas davantage; les monarchistes, qui en avaient soigneusement discuté tous les articles, l'accueillirent, eux aussi, sans trop mauvaise grâce, car elle contenait le principe de la possibilité de la restauration de la monarchie.

Etant donnée l'évolution extraordinaire de notre pays, depuis 1875, au triple point de vue intellectuel, économique et industriel, cette Constitution est un véritable non-sens aujourd'hui ! elle consacre, en effet, les principes du despotisme et de la servilité, abhorrés dans une démocratie, principes qui avaient justement provoqué la Révolution de 1789.

(l'Organisation des Pouvoirs. — le Pouvoir exécutif)

Je ne ferai pas la critique de tous les articles de la Constitution de 1875, cela m'entraînerait à des développements interminables, aussi inutiles que fastidieux; je vais simplement la considérer au point de vue philosophique, c'est-à-dire en déterminer les bases et principes essentiels : vous allez voir que ces derniers sont antidémocratiques, je dirais plus, absurdes !

Examinons donc de quelle manière s'exerce la souveraineté nationale, sous la Troisième République.

L'organisation des pouvoirs est la suivante :

Le *pouvoir législatif* est confié à la Chambre des députés et au Sénat; les députés et les sénateurs sont élus au suffrage universel;

Le *pouvoir exécutif* est confié au président de la République, élu par la Chambre et le Sénat : le président exerce ses fonctions pendant sept ans; c'est lui qui promulgue les lois votées par la Chambre et le Sénat, qui dispose de la force armée, et qui nomme à tous les emplois civils et militaires; il reçoit les ambassadeurs, signe et ratifie les traités; d'accord avec la Chambre et le Sénat, il forme le ministère, préside le Conseil des ministres; il a le droit de grâce; enfin, il dispose encore du pouvoir de dissoudre le Parlement, sur l'avis conforme du Sénat, s'il trouve que les représentants du peuple font de la mauvaise besogne.

Vous voyez que le président de la République a tous les pouvoirs d'un véritable monarque constitutionnel, il ne porte pas le titre de roi, voilà tout !

S'il a tous les pouvoirs, par contre, il n'en exerce aucun, et la raison de son abstention est assez logique : vous comprenez bien que la majorité républicaine de la Chambre et du Sénat, craignant un coup d'Etat toujours possible avec une aussi dangereuse Constitution, n'élève jamais à la haute fonction de la présidence qu'un homme dont elle est absolument sûre, un homme qui se livre en quelque sorte à elle pieds et poings liés : aussi, le président n'est-il, en réalité, qu'une machine à signer des pièces et à présider des banquets ! Ce monarque constitutionnel, dans son palais de l'Elysée, se métamorphose en président soliveau, esclave du protocole et des ministres entre les mains desquels il s'abdique : on ne lui donne tous les pouvoirs qu'à la condition formelle de n'en point faire usage, et ce sont les ministres qui dirigent souverainement le pays.

Les ministres nomment les magistrats exerçant le pouvoir judiciaire, les officiers exerçant le pouvoir militaire, les fonctionnaires, préfets, sous-préfets, directeurs de ministères, etc... exerçant le pouvoir administratif, ainsi que les conseillers d'Etat.

Il y a bien des conseillers municipaux et des conseillers généraux élus au suffrage universel, mais le rôle de ces derniers est secondaire — je ne parle pas de Paris, bien entendu, qui n'est point administré comme les autres villes et départements français: on se demande pourquoi ?

Pour ce qui est des conseillers généraux, il n'y a pas grand'chose à dire sur eux : vous savez qu'à part leurs attributions spéciales en matière de biens communaux, ils n'ont que le droit platonique *d'émettre des vœux,* dont les ministres, généralement, ne tiennent aucun compte.

Comme vous voyez, l'autorité du Gouvernement, c'est-à-dire des ministres, est absolument souveraine, puisqu'ils distribuent toutes les places selon leur bon plaisir.

De sorte que nous trouvons à la base de notre Constitution ce principe scandaleux et révoltant, incroyable dans une démocratie, qu'on appelle le principe du *favoritisme!*

C'est *à la faveur*, et non pas *au mérite*, que les places et fonctions sont distribuées en République !

Ce n'était pas la peine, vraiment, de prendre la Bastille !

Et les conséquences de ce principe sont désastreuses pour le pays, *le favoritisme* traînant inévitablement après lui ce double fléau social qu'on appelle *la servilité* et *la désunion :*

La servilité, parce que fonctionnaires, petits et grands, aspirants fonctionnaires et postulants à un emploi dans un service public quelconque, sont obligés de se mettre à plat ventre devant les chefs du Gouvernement, s'ils veulent obtenir une place, ou de l'avancement, et perpétuent ainsi, au vingtième siècle, les honteux et méprisables agissements des courtisans de l'ancien régime. Certes, parmi les fonctionnaires, il y en a qui ont de la dignité, qui entendent rester des hommes libres et refusent de s'aplatir : mais ceux-là croupissent dans les mauvaises places et n'avancent jamais;

Le favoritisme, enfin, est une cause de *désunion*, parce qu'il incite les citoyens à faire de la *politique de parti :* la politique de parti, voilà encore un mal qui ronge notre Société !

Chaque coterie politique, en effet, étant donnée l'instabilité des ministères, résultant de cette autre absurdité qu'on appelle *la solidarité ministérielle,* livre assaut au Gouvernement, au pouvoir, essaie de le déloger et de prendre sa place, afin de caser ensuite ses propres partisans; on voit souvent un ministère tomber, sans que l'on sache en réalité pourquoi, car celui qui le remplace continue parfois exactement la même politique; et les ministères succèdent aux ministères, et plus ils changent et plus c'est la même chose, au grand amusement du philosophe, sans doute, mais aussi au grand détriment du contribuable, parce que ce petit jeu-là coûte très cher !

Doit-on rendre responsables les heureux élus du suffrage universel, autrement dit les députés et les sénateurs, de cet état de choses?

Ma foi non ! Du moment qu'ils n'enfreignent pas la Constitution, nous n'avons rien à leur reprocher ! Mais nous devons nous en prendre à la Constitution elle-même, parce que c'est elle, encore, la cause de tout le mal, avec son système véritablement absurde de représentation nationale !

(le Pouvoir législatif)

Vous savez comment se fait l'élection d'un député ou d'un sénateur — c'est l'acte le plus important de la vie sociale, certainement, puisque ce député, ou ce sénateur, d'abord vote les lois, ensuite peut être ministre, c'est-à-dire posséder le droit souverain de distribuer les emplois, administrer la fortune publique, diriger le pays — la France est divisée en un certain nombre d'arrondissements envoyant à la Chambre et au Sénat un nombre déterminé de représentants élus au suffrage universel.

Vous allez voir que ce mode d'élection a pour inévitable résultat de n'appeler à la direction des affaires publiques que des incapables et des impuissants qui ne sont pas du tout les élus du suffrage universel :

Sur les listes électorales, en effet, plusieurs candidats sont en présence, les votes sont partagés, et l'heureux élu ne l'emporte parfois, sur ses concurrents, qu'à quelques voix de majorité : il s'ensuit, par conséquent, que seuls sont représentés à la Chambre et au Sénat les électeurs qui ont voté pour lui, tandis que tous les autres électeurs qui ont voté contre lui ne le sont pas ! C'est un véritable non-sens, et je dirai plus, une manifeste violation, dans un pays libre, du droit sacré qu'ont tous les citoyens de faire représenter leur opinion à l'Assemblée Nationale !

On s'est parfaitement rendu compte, du reste, de cette violation, puisqu'on discute actuellement la question de la représentation des minorités : le malheur, c'est que tous les systèmes proposés sont incompréhensibles ! pour ma part, j'avoue n'avoir jamais rien compris à la théorie du *quotient*, pas plus qu'à celle de *l'utilisation des restes,* et je ne suis pas le seul, car toutes les personnes à qui je demande des explications à ce sujet me déclarent également n'y rien comprendre du tout !

Pour le moment, les députés et sénateurs élus représentent donc la volonté d'une partie de la population seulement, et non pas la volonté de la nation tout entière.

Je ne parle pas, bien entendu, des citoyens qui ne se donnent pas la peine de voter : ceux-là n'ont rien à dire.

⁂

Je vais vous expliquer, maintenant, pourquoi tout sénateur et député est forcément un incapable et un impuissant.

N'allez pas croire, toutefois, Citoyens, que je me permette de décerner ainsi, gratuitement, un brevet d'imbécillité à nos parlementaires en général, et aux membres du Gouvernement en particulier ! Non, certes ! Ne vous méprenez pas sur le sens de ces termes d'*incapable* et d'*impuissant*, dont je me sers ! je préfère m'imaginer, au contraire, que tous ces représentants du peuple sont tous parfaitement instruits et intelligents, seulement — car il y a un *seulement* — toutes les qualités dont on peut s'aviser de les parer, ne feront jamais de chacun d'entre eux, pris individuellement, un homme *universel* ayant la science infuse, c'est-à-dire un homme parfaitement compétent sur toutes choses ! Un être universel ? Hélas ! ici-bas, cet oiseau rare n'existe pas ! Le savoir de nos honorables parlementaires, quel que grand qu'il soit, présente donc nécessairement des lacunes : cela est évident, puisque la perfection n'est pas de ce monde ! — d'ailleurs, chaque individu choisit généralement, suivant ses goûts et ses aptitudes, une profession dans laquelle il spécialise, en quelque sorte, son intelligence : il sera très compétent sur tout ce qui se rapporte à son genre habituel de travail, mais une fois sorti du domaine de sa spécialité propre, son intelligence pourra très bien ne pas s'adapter aussi facilement à des formes, des idées, des conceptions, des travaux qui lui sont étrangers. —

Etant donné qu'il y a une infinité de choses que nos parlementaires, pris individuellement, ne connaissent pas, il est clair que leur opinion personnelle sur ces choses n'a aucune valeur !

Ceci posé, vous comprenez immédiatement pourquoi notre système électoral est déplorable : les parlementaires sont incapables, malgré leur intelligence et leur bonne volonté, de résoudre une infinité de problèmes qui ne sont pas de leur compétence et leur échappent complètement, et, cependant, on leur demande de statuer sur toutes les questions possibles et imaginables puisqu'on les charge du soin délicat de faire les lois, toutes les lois ! Aussi, qu'arrive-t-il ? Un projet de loi, soigneusement élaboré par un rapporteur qui connaît son affaire, se trouve discuté et voté non pas par ceux qui seraient également compétents dans la matière, mais, au contraire, par la majorité des sénateurs et députés qui n'y connaissent rien : c'est absurde !

Comment s'étonner, après cela, que les lois soient mal faites ! Il ne peut pas en être autrement.

Le plus grand tort des citoyens, par exemple, est de vouloir, en général, rendre les parlementaires responsables de cet inévitable résultat ! Mettez-vous à leur place ! Ils font tout ce qu'ils peuvent, soyez-en convaincus, pour vous satisfaire et se rendre dignes de votre confiance — du moins je veux le supposer — mais ce n'est pas de leur faute s'ils ne peuvent y parvenir : vous leur demandez *l'impossible !*

Prenez-vous-en donc, non point à eux, mais à la Constitution !

Non seulement je prétends que les parlementaires sont des incapables, mais j'ajoute encore qu'ils sont des impuissants.

Comment voulez-vous, en effet, qu'il leur soit possible, individuellement, de s'occuper des intérêts et de faire aboutir les desiderata, je ne dis pas de l'arrondissement tout entier, mais seulement des quelques électeurs qui les ont élus, alors que ces électeurs occupent les situations les plus diverses, et ont, par suite, les intérêts les plus différents, intérêts parfois en opposition les uns avec les autres !

Aucun homme n'est universel, avons-nous dit ! Que fera donc le parlementaire, une fois élu? Ce qu'il fera? Oh! c'est simple et naturel, et vous en feriez peut-être autant à sa place : ne pouvant contenter tout le monde et concilier les intérêts de chacun, eh bien ! il s'occupe *de lui :* « charité bien ordonnée commence par soi-même », n'est-il pas vrai ? Et, de fait, la plupart des sénateurs et députés ne se soucient guère que de ce qui peut leur rapporter quelque chose ! Il faut croire, du reste, que la place est bonne, puisque les candidats n'hésitent pas à dépenser des sommes considérables pour assurer leur élection : il n'y a que les millionnaires qui puissent se permettre d'affronter le suffrage universel avec quelque chance de succès; quant à ceux qui ne sont pas favo risés par la fortune, ils sont obligés de se faire soutenir par un parti politique, dont ils deviennent l'esclave naturellement; quant aux indépendants de situation modeste, il n'y a point de place pour eux !

Mais ce n'est pas impunément, croyez-le bien, que les capitalistes, d'une part, et les partis politiques, d'autre part, dépensent tant d'argent pour se faire représenter au Parlement. Soyez persuadés qu'ils ne font pas ces sacrifices par vaine gloriole, mais bien parce que les profits sont considérables : ils sèment pour récolter !

Aussi le premier souci des parlementaires, en général, est-il de chercher à plaire aux électeurs influents de leur circonscription, afin de pouvoir être réélus aux prochaines élections : ils passent leur temps à courir les ministères, quémandant pour ces bons électeurs des places, des rubans, des faveurs; cela les oblige, naturellement, à flatter les hommes qui sont au pouvoir, à leur faire, à leur tour, certaines promesses, certaines concessions, malgré la politique de parti, leur seconde occupation.

Quant aux projets de loi à étudier, aux revendications urgentes à faire aboutir, tout cela, pour eux, passe au second plan : cela c'est l'affaire de ceux qui ont le feu sacré, des convaincus, qui s'imaginent que le devoir d'un élu est de s'occuper des intérêts de la nation!

Car il y en a quelques-uns, au Parlement, qui ont encore cette illusion ! fort heureusement pour nous, d'ailleurs ! mais ils ne sont pas nombreux : ce sont ceux-là qui s'usent véritablement au service de la République, en travaillant jour et nuit, quelquefois, pour remédier à l'insuffisance de leurs collègues; ce sont ceux-là qui font, pour ainsi dire, toute la besogne, seulement, comme ils sont modestes et ne paradent pas, le public les ignore ! Dans chaque parti, il s'en trouve, également, quelques-uns qui ne manquent pas une séance, se dévouent pour les autres et se chargent, même, de voter pour eux à l'occasion : car, et ceci est inouï, inimaginable, le vote par procuration est admis au Parlement ! Peu importe que les députés assistent ou n'assistent pas à la séance, prennent part à la discussion, ou s'en désintéressent, cela n'a aucune importance : les délégués des partis sont là, ils détiennent dans des boîtes les bulletins de vote de leurs collègues, qu'ils font tous voter, comme un seul homme, pour ou contre, suivant le mot d'ordre reçu des chefs de groupes ! Cette scandaleuse manière de faire prouve bien, à mon avis, la parfaite indifférence, incapacité et impuissance des parlementaires !

C'est pourquoi il n'y a pas lieu de s'étonner de voir, quelquefois, des projets de lois très importants, intéressant au plus haut point l'industrie nationale, le commerce ou le budget, être discutés et votés devant une Chambre à peu près vide, tandis que, s'il s'agit de renverser le Gouvernement, sous le prétexte le plus futile, tous les députés sont à leur poste et suivent passionnément le débat : à ces séances-là, ils n'ont garde de manquer ! C'est que le parti qui s'emparera du pouvoir s'occupera immédiatement de caser tous les siens, en vertu du honteux principe du *favoritisme*, qui se trouve à la base de notre Constitution.

⁂

Enfin, et cela est encore incroyable, les parlementaires ne sont pas responsables !

Comment voulez-vous, dans ces conditions, qu'ils travaillent utilement pour le pays ? Ils n'ont pas à se gêner, ils ne courent aucun risque ; ils peuvent, même, s'ils le veulent, ne jamais rendre compte de leur mandat à leurs électeurs ! Ils restent, pendant quatre ans, possesseurs d'un fief dont personne ne peut les déloger, pas même ceux qui les ont nommés ! Avouez que c'est inouï !

Il s'ensuit que le résultat des travaux parlementaires est pitoyable : c'est le gâchis, simplement ! et chaque fois qu'une faute est commise, on ne peut s'en prendre à personne : c'est toujours le ministère précédent qui est le coupable, jamais celui qui se trouve au pouvoir !

Quand le pays, mécontent, crie un peu trop fort, vite le Gouvernement s'occupe de calmer l'opinion publique en faisant droit à quelque pressante réclamation : il fait immédiatement voter des crédits extraordinaires, crée des emplois nouveaux, bref, distribue largement les faveurs dont il est le seul et grand dispensateur, en gaspillant cyniquement les deniers de l'Etat !

Je dis *cyniquement*, parce qu'en faisant voter continuellement des dépenses nouvelles, le Gouvernement s'inquiète fort peu de savoir comment la nation pourra faire face, ensuite, à ses engagements ! Cela ne l'intéresse pas, il n'a que trop peu de temps à vivre, du reste, pour pouvoir s'en occuper utilement, ce sera l'affaire du ministère qui lui succédera ! Après lui, le déluge !

Et la dette nationale augmente sans cesse, et personne ne parle jamais de faire des économies ! Des économies ! ce mot n'existe pas dans le vocabulaire du Parlement !

Ainsi, de par la Constitution, les citoyens de la République française, après avoir fait tacitement l'aveu qu'ils sont trop bêtes pour s'occuper des affaires publiques, chargent de ce soin des individus incapables et impuissants, dont ils n'ont pas même le droit de contrôler les actes !

Convenez avec moi que ce système de représentation nationale, dans le pays qui passe pour être le plus civilisé de la terre, est plutôt stupide !

(le Pouvoir judiciaire)

Si les lois sont mal faites, et vous aurez beau changer les députés et renouveler le Parlement, elles ne pourront jamais être bien faites avec une pareille organisation, elles sont encore plus mal appliquées ! Et cette considération m'amène à vous dire deux mots, maintenant, *du pouvoir judiciaire.*

Suivant le principe constitutionnel antidémocratique du favoritisme, dont je viens de vous entretenir, les magistrats, au lieu d'être élus par le peuple, sont nommés par le ministre de la Justice.

Il en résulte, nécessairement, qu'ils ne s'appartiennent pas, et sont, au contraire, les très humbles serviteurs de celui qui les nomme, c'est-à-dire du Gouvernement, et d'autant plus ses esclaves, j'ajouterai, que celui-ci possède un droit, que nous-mêmes n'avons pas vis-à-vis de nos élus, le droit de les révoquer !

Comment voulez-vous, dans ces conditions, trouver chez les juges des garanties d'impartialité et d'équité ? Cela n'est pas possible !

Il est bien évident que, chaque fois que sa situation ou son avancement seront en jeu, ce fonctionnaire n'hésitera pas à sacrifier un justiciable qu'il ne connaît point; si, au contraire, il est héroïque et préfère obéir à sa conscience plutôt qu'à la pression gouvernementale, il est sûr de son affaire : il sera impitoyablement brisé, comme cela arrive parfois à quelques-uns d'entre eux, fort heureusement d'ailleurs pour l'honneur de la magistrature; mais ces exemples sont plutôt rares !

A cette première difficulté d'être impartial, et c'est ce que l'on demande avant tout à un magistrat, s'en ajoute aussitôt une seconde : celle de la complication savante de la loi mal faite, car, suivant qu'il l'interprète, cette loi, dans un sens ou dans un autre, en esprit ou à la lettre, le juge lui fait dire tout ce qu'il veut.

D'autre part, nul ne connaît la loi, et ne peut la connaître : et la plus belle mystification, dans nos temps modernes, est certainement cette formule lapidaire qui se trouve virtuellement inscrite en tête de notre Code : « Nul n'est censé ignorer la loi ! » Eh ! comment voulez-vous qu'on la connaisse la loi ? Non seulement personne ne nous l'enseigne, mais encore les juges eux-mêmes ne la connaissent pas !

D'abord, personne ne nous l'enseigne : et c'est vraiment stupéfiant, dans un pays où l'instruction est obligatoire, de ne pas voir figurer l'étude du droit dans les programmes des écoles ! On apprend une foule de choses à nos jeunes citoyennes et citoyens, en revanche, on oublie complètement de leur expliquer ce que c'est que la loi, avec la manière de s'en servir !

Il est vrai que le plus malin ne la comprend pas !

Cette étude, dans tous les cas, est réservée aux capitalistes, uniquement, à la classe dirigeante, à ceux qui ont les moyens, comme on dit, de faire leur droit ! Et les autres citoyens, qu'en fait-on ?

Alors, seuls pourront se défendre, dans la vie, les gens fortunés qui auront étudié la loi ? Les autres ne le pourront pas ?

Eh ! oui ! ces derniers, quand ils s'adressent à un tribunal pour obtenir la réparation d'un dommage quelconque, sont obligés de recourir aux services de certains individus jouissant de privilèges, qu'on appelle des *gens de justice*, de se mettre à leur entière discrétion, et de passer par leurs exigences !

Comment s'étonner, ensuite, d'entendre dire couramment que « la justice n'existe que pour les riches », et que « ce sont toujours les gros, c'est-à-dire ceux qui payent le plus, qui ont raison ! »

La justice, effectivement, et cela est triste à dire, est un vain mot dans notre démocratie, elle n'existe pas !

Du reste, comment les juges pourraient-ils

la rendre puisque, je viens de vous le dire, eux-mêmes ne connaissent pas la loi !

Pour se convaincre de cette vérité, il suffit de lire les jugements et arrêts contradictoires rendus par les magistrats : un procès, gagné en première instance, peut-être encore gagné en appel, cassé par la Cour de cassation, regagné devant la Cour d'appel de renvoi, et définitivement perdu en Cassation toutes chambres réunies ! Qu'avez-vous à ajouter après cela ? En réalité, on ne sait jamais si un procès sera gagné ou perdu, malgré le fait et le droit le plus évidents. Une Cour d'appel pourra toujours infirmer un jugement de première instance, et la Cour de cassation casser un arrêt de Cour d'appel ! Vous voyez bien que les juges ne connaissent pas la loi, puisque leurs jugements et arrêts sont généralement contradictoires ! S'ils ne la connaissent pas, comment pourrons-nous, alors, nous-mêmes, la connaître ?

Il résulte donc bien de la complication de la loi mal faite, et de l'impossibilité dans laquelle se trouve un magistrat d'être impartial, que la justice n'existe pas, et ne peut pas exister, dans notre République !

Je vous démontrerai, dans une autre conférence, que cette organisation est voulue, parce qu'elle assure la toute-puissance du Gouvernement au pouvoir, et qu'elle permet l'asservissement des prolétaires par les capitalistes !

(le Pouvoir militaire)

Après vous avoir entretenus du pouvoir exécutif, du pouvoir législatif et du pouvoir judiciaire, il me resterait, pour en finir avec la Constitution, à vous parler encore du pouvoir militaire et du pouvoir administratif; mais je ne m'étendrai pas sur ces questions.

L'armée est une nécessité des temps modernes, malheureusement, et, pour le moment du moins, nous nous trouvons dans l'obligation de la conserver telle qu'elle est, si nous ne voulons pas être dévorés par le voisin. C'est pourquoi je ne vous en ferai pas la critique.

D'autre part, je trouve qu'il est préférable, au lieu de chercher à la transformer, d'envisager la possibilité de la supprimer tout à fait, par le moyen d'un internationalisme pratique et bien compris, ayant pour objet le désarmement général : je vous exposerai mes idées sur ce point dans une conférence ultérieure.

Je ne puis m'empêcher de constater, cependant, qu'au point de vue constitutionnel, l'organisation de l'armée est antidémocratique par excellence : il est inadmissible, en effet, qu'un citoyen, en République, parce qu'il se trouve sous les drapeaux, perde de ce chef ses droits civils, tout comme un vulgaire malfaiteur ou condamné de droit commun, et ne soit plus qu'un numéro matricule soumis à l'arbitraire d'une hiérarchie constituée non pas à l'élection, mais *au choix*, en vertu du principe du favoritisme ! Les droits des citoyens sont imprescriptibles, et l'organisation de *la grande muette*, comme on appelle souvent notre armée, constitue une violation flagrante de ces droits, et porte atteinte à la dignité nationale, puisqu'elle consacre le principe de la domination la plus absolue au mépris de la liberté !

(le Pouvoir administratif)

Quant au pouvoir administratif, je n'ai rien de particulier à vous dire à son sujet : la critique de n'importe quelle catégorie de fonctionnaires, comme celle de la magistrature, par exemple, que je viens de vous faire, s'appliquant au fonctionnarisme tout entier.

Tous les fonctionnaires sont nommés par le Gouvernement, et dans toute hiérarchie administrative, l'injustice et la faveur règnent en souveraines maîtresses, car certaines disgrâces, comme certains avancements, sont tout à fait scandaleux.

Toutefois, une autre critique peut être faite encore au fonctionnarisme, c'est que tous les fonctionnaires, sans distinction, forment dans la nation une classe d'êtres absolument privilégiés : ils ont droit à des récompenses, gratifications, distinctions et décorations, et surtout à *une retraite*, lorsqu'ils ont atteint un certain âge.

Alors que les autres travailleurs de la République arrivent péniblement, après une existence de labeur, de privations et parfois de misère, à mettre quelques sous de côté, leur permettant juste de ne pas mourir de faim quand ils ne peuvent plus travailler — et il y en a beaucoup qui n'y arrivent pas et sont obligés, à ce moment, d'avoir recours à la charité publique — ceux qui se disent les serviteurs de l'Etat touchent des pensions proportionnées au rang qu'ils occupaient dans la hiérarchie administrative, et finissent leurs jours paisiblement, comme de bons petits rentiers !

Je trouve très naturel que les fonctionnaires devenus vieux émargent encore au budget, mais je trouve aussi qu'il faudrait penser également à tous ceux qui ne sont pas fonctionnaires ! Tous les travailleurs, quels qu'ils soient, ne concourent-ils pas à la prospérité du pays, à la vie nationale ? Alors, pourquoi cette différence entre eux? Pourquoi ce privilège, qui constitue, à mon avis, une des plus monstrueuses violations de l'égalité des droits des citoyens dans notre société moderne?

Le fonctionnaire, auxiliaire du pouvoir exécutif, est, d'ailleurs, tellement convaincu qu'il est au-dessus du reste de la nation, qu'il le fait bien voir à ses concitoyens : obséquieux et rampant devant ses chefs hiérarchiques, le plus souvent, il est d'une insolence et d'une suffisance sans égales, vis-à-vis du bon public, qu'il semble mépriser profondément ! Pour lui, le fonctionnaire seul est quelqu'un ! Une seule chose l'intéresse : la politique, à cause des changements de ministères et, comme on dit, du piston; une seule chose le préoccupe : la crainte de perdre sa place !

Quant à son esprit, il réside tout entier dans ce mot fatidique : *le règlement !* Celui-ci peut être vétuste, idiot, cela n'a pas d'importance, et toute critique faite à son endroit touche le fonctionnaire profondément en plein cœur, comme si le règlement faisait partie intégrante de son individu !

⁂

Et cette administration, que l'Europe nous envie, paraît-il, est organisée de telle façon qu'il est, pour ainsi dire, impossible à un citoyen de se plaindre d'elle, quand il se trouve, par hasard, victime d'une de ses erreurs !

S'il réclame, d'abord on ne lui répond pas; s'il insiste, on le renvoie de bureaux en bureaux, de guichets en guichets, pendant des mois, ou des années, de manière à lasser sa patience !

S'il se plaint au ministre, alors il est sûr de n'obtenir jamais satisfaction, parce que tout ministre a pour principe de donner raison à ses bureaux : c'est qu'un ministre, généralement, ne connaît rien du travail accompli par les employés de son ministère, et voilà encore un des bienfaits de notre Constitution ! On voit souvent, en effet, des ministres de la Guerre, de la Marine ou de l'Agriculture, par exemple, être appelés à ces hautes fonctions bien qu'ils n'aient jamais, l'un, manié un fusi ni enfourché un cheval de sa vie; l'autre, mis les pieds sur un bateau; le troisième, planté une salade ou touché à une charrue ; et l'on pourrait en dire autant de leurs collègues du Commerce, des Affaires étrangères, de l'Intérieur ou des Beaux-Arts !

L'habituelle incapacité du ministre l'oblige donc à ne jamais toucher à ses bureaux, parce que ce sont ses bureaux qui font toute sa besogne : les ministres passent, mais les bureaux restent, et avec eux la même sempiternelle routine et les indéracinables errements ! Demander à un ministre de sévir contre ses subordonnés, c'est comme si vous lui demandiez d'abandonner son portefeuille, simplement : sans eux, effectivement, il ne pourrait plus répondre aux interpellations et serait immédiatement renversé !

Loin de les tracasser, il fait droit, au contraire, à toutes leurs exigences, ferme les yeux sur leurs agissements, et laisse à son successeur le soin de faire ce qu'il n'a pas lui-même le courage d'accomplir : les citoyens peuvent se plaindre, il s'en moque pas mal !

(le Parti républicain)

Voilà ce que j'avais à vous dire sur la Constitution de 1875.

Je vous en ai fait la critique au point de vue philosophique, et j'espère vous en avoir montré les défauts essentiels : cette Constitution est monarchique; à sa base se trouve le principe du favoritisme; elle donne au président de la République, c'est-à-dire au Gouvernement, des pouvoirs de monarque absolu; elle constitue un véritable danger pour la démocratie, parce qu'elle permet toujours la possibilité d'un coup d'Etat; enfin, son organisation des pouvoirs législatifs, exécutifs, judiciaires, militaires et administratifs, est celle d'un autre âge : elle est, dans tous les cas, foncièrement antirépublicaine.

Et, du même coup, Citoyens, je viens de vous faire le procès du parti républicain tout entier, étant donné que ce parti reste obstinément attaché à cette antique institution, à laquelle il refuse systématiquement de toucher !

C'est à se demander, vraiment, si le parti

républicain n'est pas devenu un parti réactionnaire ?

Qu'importe, en effet, que l'on discute sur la loi de deux ans, ou de trois ans, sur les manuels scolaires, la réforme électorale, l'impôt sur le revenu, et que l'on épilogue sur toutes les belles promesses des partis politiques, si la Constitution de 1875 nous reste ? En serons-nous plus avancés, après ? Hélas, non !

Mais ce qu'il importe, est de ne pas nous laisser duper plus longtemps par de vaines paroles !

« La politique doit marcher avec le progrès », a dit Gambetta ! Soyons donc de notre siècle, et ne laissons plus subsister dans notre pays, une Constitution organique ridicule aujourd'hui ; une Constitution qui viole impudemment, sous la Troisième République, pour le plus grand dommage des prolétaires et le seul profit des capitalistes, les droits sacrés que doivent posséder indistinctement tous les membres d'une démocratie, droits imprescriptibles à l'Egalité, la Justice et la Liberté !

VOILA CE QU'IL IMPORTE D'ACCOMPLIR !

CRITIQUE
DU
PARTI RÉACTIONNAIRE

Deuxième Conférence

faite au Rocher Suisse le 18 février 1914

(les éléments du parti réactionnaire)

CITOYENNES, CITOYENS,

Faisant suite à ma critique de la Constitution de 1875 et du parti républicain, sujet de ma première conférence, je vais vous faire, aujourd'hui, la critique du parti réactionnaire.

Le mot *réactionnaire* étant considéré comme caractérisant l'idée d'*opposition à la Révolution*, le parti réactionnaire est donc, par suite, celui qui combat l'idée révolutionnaire, c'est-à-dire, l'idée républicaine, puisque la République est née de la Révolution : c'est le parti de l'ancien régime, monarchiste où impérialiste, le parti de la domination du peuple au profit d'une classe dirigeante, le parti de tous les ennemis de la liberté.

Ce parti fut très puissant jusqu'en 1875 ; il n'est plus qu'une ombre à présent : ses théories ont été submergées par le flot montant de l'évolution progressive des idées, cette œuvre du temps à laquelle rien ne résiste; elles semblent tellement arriérées, aujourd'hui, qu'on ne les envisage plus sans un certain étonnement, et le philosophe a pour elles cette déférence polie, dont il ne se départit jamais quand il parle d'une personne âgée ou d'une chose ancienne.

Le parti réactionnaire se trouve formé par quatre éléments : d'une part, les gens de la noblesse, d'autre part, les membres du clergé, ensuite, la plupart des gens riches et des parvenus, enfin, tous ceux qui vivent aux dépens des trois premiers.

Le dernier élément n'est pas intéressant : les gens qui le composent n'ont, en général, point de convictions, et cherchent leur intérêt uniquement ; ils espèrent, en se mettant du côté des gros, récolter un jour quelque chose.

L'élément des gens riches et des parvenus est très dangereux, au contraire : il forme, de nos jours, une aristocratie puissante, qui s'est emparée véritablement du pouvoir et exerce une dictature absolument néfaste pour la démocratie, car il a institué le règne du capitalisme basé sur l'exploitation de la faiblesse et de la misère humaines.

Je traiterai cette question plus spécialement dans mes prochaines conférences.

Les gens riches et les parvenus sont nécessairement du côté des princes et des grands seigneurs, cet autre élément du parti réactionnaire, parce que ces derniers ont fusionné, en quelque sorte, avec eux aujourd'hui ; les plus grands noms de France n'ont pas craint, en effet, pour faire revivre l'éclat de leurs blasons dédorés, de s'unir à des roturières de marque, au point de vue de la fortune, mais de très basse extraction parfois au point de vue de la naissance, de nationalités et de races, même, quelquefois, étrangères à la leur ; aussi, le plus clair résultat de cette suite ininterrompue de mésalliances a-t-il été l'absorption graduelle, à peu près totale maintenant, de la noblesse par une roture enrichie qui est devenue l'aristocratie nouvelle : il est donc naturel que les riches, et tous les porteurs d'un titre nobiliaire quelconque, partagent les mêmes idées, puisqu'ils se marient entre eux et font partie, comme on dit, du même monde.

Quant aux nobles qui ne se sont point mésallié et ont conservé intact l'héritage des traditions ancestrales : dépositaires des idées d'un autre âge, ils restent forcément attachés à l'ancien régime et à ses conceptions gouvernementales ; ce sont des retardataires qui n'ont pas évolué et ne peuvent rien comprendre, par conséquent, aux réalités de notre siècle.

Et cette remarque peut également s'appliquer à cet autre élément du parti réactionnaire, élément peut-être le plus important : le clergé !

L'Eglise, elle aussi, reste obstinément attachée à un passé traditionnel et semble ne tenir aucun compte de la marche inéluctable des hommes dans la voie du progrès ; elle ferme volontairement les yeux sur les modifications profondes apportées, par une lente évolution, dans l'humanité ; elle ne veut pas voir que nos sociétés modernes, complètement transformées, ne ressemblent plus aux sociétés d'autrefois, et ne peuvent pas leur être comparées puisqu'elles ont à présent d'autres genres de vie, et, partant, des besoins différents.

Le clergé est réactionnaire pour deux raisons : d'abord, par tradition ; ensuite, par reconnaissance: ce sont les empereurs et les rois, aux temps passés, qui lui ont permis d'établir sa domination sur le monde, il ne pourrait donc, sans forfaiture, abandonner la cause de ceux qui l'on toujours protégé et soutenu. Et, si l'autel s'est toujours appuyé sur le trône, à son tour le trône s'est toujours appuyé sur l'autel ; ces deux puissances dominatrices n'ont jamais cessé de se donner la main :

les monarques se sont fait reconnaître et sacrer par l'Eglise, et lui ont donné, en échange des privilèges et des droits mettant ses représentants au-dessus du reste de la nation ; de son côté, l'Eglise a toujours fait profiter les souverains de sa formidable organisation administrative et hiérarchique, et, depuis la Révolution, dans tous les diocèses, les ministres de la religion, du haut de la chaire, ont fait de la propagande réactionnaire, suivant les ordres reçus de leurs supérieurs.

Tout prêtre, effectivement, fait de la politique : il ferait mieux de s'occuper uniquement des choses de la religion, direz-vous ?... Evidemment ! Mais cela il ne le peut pas, pour la simple raison que la politique est, pour lui, la conséquence immédiate, inévitable, de ses principes : étant donné qu'il ne reconnaît que le dogme, il se trouve forcément lié par celui-ci et obligé de l'appliquer, sous peine de n'être plus conséquent avec lui-même ; d'autre part, l'application de ses théories dogmatiques ne peut se faire que dans le domaine de la morale ; mais, comme la morale envisage l'homme de deux façons, d'abord dans ses rapports avec sa conscience, et ensuite dans ses rapports avec ses semblables, il s'ensuit nécessairement que le prêtre ne peut pas séparer la politique de la religion : le voudrait-il, qu'il ne le pourrait pas. Et la résultante de son dogmatisme le condamne, en outre, à être réactionnaire, c'est-à-dire ennemi du principe républicain, car il est bien évident qu'un partisan de la domination d'une classe privilégiée et de l'obéissance absolue des classes dirigées, ne pourra jamais admettre, ni comprendre, le principe de la souveraineté du peuple basée sur les idées d'Egalité et de Liberté !

Un prêtre ne peut donc pas être républicain ; cela ne lui est ni permis ni possible : du reste, quand l'un d'eux, par hasard, s'avise d'afficher des opinions réellement libérales, il est aussitôt condamné par l'Eglise et frappé.

D'après ce que je viens de dire, je devrais, puisque j'ai entrepris de faire la critique du parti réactionnaire, je devrais envisager la question à son double point de vue, théorique et pratique, pour être complet : toutefois, je laisserai de côté le dogme et la doctrine pour m'occuper simplement de leurs effets et résultats positifs dans la société.

Si je devais, effectivement, discuter devant vous la théorie *du droit divin,* par exemple, cela m'entraînerait à vous faire la critique de la théologie et du dogme tout entier en m'appuyant sur les auteurs ecclésiastiques, les Pères de l'Eglise et les textes sacrés ! J'accepterai donc le dogme sans le discuter, et n'envisagerai que ses conséquences au point de vue social; en un mot, j'aurai soin de ne pas confondre la religion avec la politique: et s'il m'arrive de parler du parti clérical, au cours de ma conférence, ce sera pour désigner, par cette appellation, un élément du parti réactionnaire, uniquement, et non pas le parti catholique, c'est-à-dire l'ensemble des personnes inféodées au catholicisme, cette religion n'ayant rien à voir dans l'espèce.

Je suis, du reste, obligé par la force même des choses d'établir cette distinction, puisque le parti religieux catholique se trouve divisé aujourd'hui, en trois groupes distincts, autant dire trois églises : les ultramontains, les libéraux et les modernistes. Bien entendu, je n'ai pas à m'occuper des opinions de ces églises, mais je ne puis faire autrement de constater que, si la première est réactionnaire, les deux autres, par contre, ne le sont pas.

J'insiste, enfin, sur cette distinction, parce que les membres du parti réactionnaire, généralement, ne la font pas, et vont même jusqu'à prétendre, quelquefois, que ceux qui s'attaquent au parti clérical sont des athées, des gens sans aveu et sans foi, des sectaires qui veulent détruire le spiritualisme et sapent criminellement les bases sacrées de la morale et de la religion ! Encore une fois, la morale ni la religion n'ont rien à voir dans la matière : chacun est libre, au point de vue philosophique, métaphysique, ou religieux de penser comme il lui convient, et, pour une part, j'estime que l'on peut très bien être spiritualiste, ou libre-penseur, et être en même temps un parfait honnête homme, sans appartenir pour cela au parti clérical.

⁂

Ce que je dis du parti clérical, je le dirai également de son principal adversaire, le parti maçonnique.

La Franc-Maçonnerie, autrefois, a été le grand refuge des républicains, à l'époque des persécutions des amis de la liberté, et cette institution a joué un rôle considérable dans notre histoire politique. La Franc-Maçonnerie, elle aussi, a ses dogmes, et une organisation particulière : mais je ne parlerai pas plus de sa doctrine que de celle de l'Eglise — d'ailleurs, si j'en parlais, on pourrait m'objecter que je parle de ce que je ne connais pas, puisque mon indépendance m'a toujours tenu éloigné de toutes les chapelles. —

Cependant, la remarque que j'ai faite à propos du catholicisme peut s'appliquer aussi au parti maçonnique : de même que le mot catholicisme embrasse trois groupes de fidèles, de même le terme de Franc-Maçonnerie est devenu assez vague aujourd'hui, parce que toutes les sociétés dites secrètes, c'est-à-dire les associations les plus diverses, aux idées les plus différentes, se réclament de cette même appellation. Pour être clair, je devrais donc prendre soin de faire toujours suivre le mot de *franc-maçonnerie* de la désignation de la loge ou du rite particulier dont j'entendrais plus spécialement parler : *le Grand Orient* n'a rien de commun avec *la Grande Loge*, les loges juives avec les loges protestantes ou musulmanes, etc... Je me garderai donc bien d'entrer dans des explications touchant toutes ces nuances et oppositions.

(les résultats de la politique du parti réactionnaire de 1789 à 1875)

Etant ainsi formellement entendu que je ne vise, ni la religion, ni les initiations, d'aucunes sortes, je vais vous démontrer, maintenant, que le parti réactionnaire a toujours été funeste à notre pays, puisqu'il s'est constamment opposé à notre évolution sociale : pour cela, il me suffira d'ouvrir l'histoire et de considérer, en les rappelant brièvement, quels ont été, depuis la Révolution, les résultats pratiques de l'invariable politique suivie par les ennemis de la Liberté.

Et ces constatations historiques, seront faites à un point de vue philosophique et positif, c'est-à-dire à un point de vue impartial, dégagé de toute haine et de toute passion.

⁂

D'abord, sans l'attitude hostile de la Noblesse et du Clergé vis-à-vis du Tiers-Etat, jamais la Révolution de 1789 n'aurait éclaté. Le roi Louis XVI, en effet, était très bon et excessivement libéral : il avait, de son plein gré, par son édit du 8 août 1779, aboli le servage dans ses domaines, ainsi que le système des dîmes, des redevances, des corvées, des tailles, et autres conditions d'affranchissement, souvent des plus dures et des plus onéreuses, qui avaient fini par remplacer l'ancien esclavage dans notre pays ; mais la Noblesse et le Clergé refusèrent catégoriquement de s'associer à l'œuvre généreuse d'émancipation populaire commencée par le roi de France, ils entendirent ne renoncer à aucun de leurs privilèges, et blâmèrent hautement le souverain d'avoir donné l'exemple de l'humanité et de la justice !

Aussi, quand la Révolution éclata, le peuple reconnaissant se garda bien de toucher à la personne royale, et si l'Assemblée Constituante, dans sa fameuse séance de la nuit du 4 août 1789, abolit définitivement le servage, par contre, la Constitution de 1791 reconnut le principe de la Monarchie constitutionnelle.

Et peut-être n'aurions-nous point connu d'autre régime, si l'intransigeance du parti réactionnaire n'était venue changer la face des choses : pour reconquérir leurs privilèges, en effet, la Noblesse et le Clergé employèrent tous les moyens ; ils allèrent jusqu'à demander à l'étranger des soldats et des armes pour rétablir en France leur autorité perdue, et décidèrent le roi lui-même, qui, pourtant, avait juré de respecter la Constitution, à s'associer à leur projet — mais Louis XVI, reconnu malgré son déguisement et arrêté à Varennes, ne put les rejoindre — aussi, quand les armées étrangères coalisés, ayant à leur tête les émigrés, marchèrent contre la France, la fureur populaire ne connut-elle plus de bornes : la nation tout entière se souleva pour repousser l'envahisseur, dans un élan sublime elle culbuta ses ennemis, mais ses représailles furent terribles.

La chute de la royauté est donc imputable à la Noblesse et au Clergé, et non pas aux révolutionnaires, car les révolutionnaires ne sont devenus révolutionnaires, et ensuite républicains, que, pour ainsi dire, malgré eux : ils le devinrent par la force des choses. Et cela est si vrai que la première République n'exista, en réalité, que de nom : cette forme de gouvernement fut imposée par les circonstances, simplement ; elle n'avait pas été prévue par les hommes de 1789, et, d'ailleurs, elle ne put jamais être constituée définitivement : les représentants du peuple, obligés de faire face aux coalitions et aux innombrables difficultés, savamment suscitées par les réactionnaires, ne purent y parvenir ; l'Assemblée Constituante, l'Assemblée Législative et la Convention s'occupèrent uniquement de détruire les anciens privilèges et remplacèrent la Constitution de 1791 par celle de 1793 ; Robespierre, sous la Terreur, s'efforça d'étouffer le contre-révolution, et n'y parvint pas ; après lui, la Constitution de 1793 fait place à celle de l'An III établissant le Directoire ; sous le Directoire, enfin, le parti réactionnaire relève la tête et devient assez puissant pour contrebalancer l'influence du parti républicain ; le parti républicain, voyant le danger, essaya, à son tour, de renverser le Directoire, pour sauver la République, et Gracchus Babeuf, disciple de Robespierre, organisa la fameuse conjuration dite des Egaux, mais ce conspirateur fut trahi, arrêté et envoyé à l'échafaud ainsi que son lieutenant Darthé, et les autres chefs du complot, parmi lesquels se trouvait Buonarotti, furent condamnés à la déportation — Buonarotti put rentrer en France, après la Révolution de Juillet 1830 ; malgré son âge, 70 ans, et trente ans de proscription et de misère, il avait gardé intacte sa foi dans les idées de son maître et conservé tout son enthousiasme ;

c'est lui qui fonda cette école de communisme révolutionnaire qu'il dirigea jusqu'à sa mort en 1837, école dont l'influence s'exerça, non seulement sur les partis démocratiques et socialistes de France et d'Europe, mais encore sur les sociétés secrètes qui furent plus tard dirigées à Paris par Barbès et Blanqui. —

Dans tous les cas, la mort de Babeuf affaiblit considérablement le parti républicain ; le parti réactionnaire gagna le général Bonaparte à sa cause, et celui-ci, soutenu par tous les éléments de la réaction, fit alors le coup d'Etat du 18 Brumaire, et remplaça la Constitution de l'an III par celle de l'an VIII organisant le Consulat.

Avec le Consulat, c'en est fait des libertés populaires, et le parti révolutionnaire se trouva lui-même divisé et affaibli, parce que le Premier Consul, après avoir trahi le Directoire, trahit encore ceux qui l'avaient aidé à s'emparer du pouvoir, et, loin de s'employer à faire monter Louis XVIII sur le trône, comme il l'avait promis, s'arrangea adroitement pour y monter lui-même en se faisant proclamer empereur.

A ce moment trois partis politiques se trouvent en présence : le parti impérialiste, ou bonapartiste, le parti royaliste, et le parti républicain.

Dans tous les cas, c'est bien aux menées du

parti réactionnaire que nous devons le Consulat, et, par suite, l'Empire !

⁂

Quel a été, maintenant, le résultat du règne de Napoléon, qui dura de 1804 à 1815 ?

Le résultat de ces onze années de domination a été, d'une part, l'anéantissement de l'œuvre de la Révolution, et d'autre part, la consommation de la ruine de la France : l'anéantissement de l'œuvre de la Révolution parce que Bonaparte-Napoléon s'acharna à faire disparaître toutes les libertés pour établir sa dictature, et alla jusqu'à créer une noblesse sur laquelle il s'appuya, ainsi que sur le clergé, pour persécuter les républicains et réduire le peuple en servitude ; l'Empire consomma, enfin, la ruine de la France, en gaspillant inutilement et follement toutes ses réserves d'hommes et d'argent; je dis *inutilement*, car cette ruine ne lui profita point, et j'ajoute *follement*, parce qu'il fallait que ce général devenu empereur ait véritablement perdu l'esprit, pour mettre, comme il le fit, l'Europe à feu et à sang pendant onze ans, sous le prétexte de châtier l'insolence des souverains étrangers qui le traitaient d'usurpateur et le considéraient comme un fléau de l'humanité ! Eh ! quels autres titres auraient-ils bien pu lui donner ? Jamais homme, en effet, ne sacrifia tant de vies humaines à sa seule ambition, et les ruisseaux de sang qui coulèrent pendant toute la période révolutionnaire ne sont que peu de chose à côté des torrents dont, à cause de lui, la terre s'abreuva !

On a dit que, par ses hauts faits d'armes, il avait à la France une gloire immortelle conquis. Certes, il fut un très grand capitaine, je n'en disconviens pas, mais, qu'eût-il fait sans ses soldats ? Qu'eût-il fait sans cette armée incomparable, troupe de héros sans peur, qui le suivait aveuglément ?

Quand on parle de l'épopée napoléonienne, il ne faut pas oublier ceux qui cueillirent sur les champs de bataille les lauriers de l'empereur, car ceux-là ont vraiment étonné le monde par leurs exploits : mais ceux-là ce sont les héroïques et fabuleux grognards de la Grande-Armée, et les légendaires grenadiers de la Vieille Garde ! Ceux-là n'ont jamais connu la défaite, puisqu'ils lui ont préféré la mort, et la gloire de Napoléon est bien pâle à côté de celle dont se couvrit le dernier carré de Waterloo : mais ceux qui le composaient, ce carré redoutable, étaient ces enfants que la France avait destinés à son œuvre de Liberté, et si l'ennemi dut amener ses canons pour anéantir ces braves, c'est que ces indomptables étaient les anciens sans-culottes de Jemmapes et de Valmy, étaient des hommes de la Révolution !

*
**

Après la chute de l'Empire, la Monarchie reparut en France avec Louis XVIII.

Ce monarque avait déjà règné après l'abdication de l'empereur, et, comme don de joyeux avènement, avait infligé à la France une des plus grandes humiliations qu'il lui ait été donné de subir : déjà, pour remercier les alliés d'avoir aidé la maison de Bourbon à remonter sur le trône, le comte d'Artois qui fut plus tard Charles X, nommé lieutenant général du royaume, avait signé, le 23 avril 1814, un traité par lequel il leur cédait, sans aucune compensation, cinquante-quatre places fortes garnies de plus de dix mille pièces de canon que nous possédions encore en Italie, en Belgique, en Allemagne, etc., et réduisait la marine française à une centaine de bâtiments ; Louis XVIII fit mieux encore, il signa le 30 mai le honteux traité de Paris qui réduisait purement et simplement la France aux limites de 1792 !

Au retour de Napoléon de l'île d'Elbe, ce roi s'enfuit prestement à Gand, — non sans avoir pris soin d'emporter les diamants de la couronne, ainsi qu'une douzaine de millions, — et, après Waterloo, il rentra à Paris, derrière les étrangers; alors, il anéantit définitivement l'œuvre de Napoléon, en infligeant à la France une humiliation plus grande encore que celle du traité de Paris : il accorda aux alliés de nouveaux territoires, une contribution de guerre de 700 millions, le licenciement de l'armée de la Loire et l'obligation pour la France d'entretenir, pendant cinq ans, cent cinquante mille hommes des troupes coalisées, campés sur son territoire !

Voilà ce dont la France a été redevable au parti réactionnaire !

Avec le règne de Louis XVIII commença la persécution en règle tant du parti bonapartiste que du parti républicain, et les amis de la Liberté durent se réfugier dans les sociétés secrètes, notamment dans celle des *carbonari* ou des *charbonniers !*

⁂

Sous Charles X, qui régna ensuite, les persécutions contre les républicains redoublèrent, et le parti réactionnaire, trouvant encore trop libérale la charte constitutionnelle octroyée par Louis XVIII à ses sujets, engagea le monarque à publier ses fameuses *ordonnances* restrictives des rares libertés populaires qui alors subsistaient, entre autres de celle de la liberté de la presse : Paris indigné se souleva et fit la Révolution de 1830.

Mais le parti républicain n'était pas encore parvenu à se reconstituer, et, au lieu de la proclamation d'une nouvelle République, ce fut Louis-Philippe d'Orléans qui devint roi de France, à la place de Charles X détrôné.

*
**

Louis Philippe embrassa le drapeau tricolore à l'Hôtel de Ville, afficha des idées libérales et bourgeoises, et promit solennellement d'accorder des libertés : cela ne l'empêcha pas, une fois sur le trône, de s'empresser de ne plus tenir ses promesses ni ses engagements, comme ses prédécesseurs du reste ; il refusa surtout d'accorder la réforme électorale que le peuple demandait depuis longtemps : Paris se souleva encore et la Révolution de 1848 éclata ; seulement, le parti républicain reconstitué, fit échec, cette fois, au parti réactionnaire et la République fut proclamée.

Malheureusement, le parti républicain était insuffisamment préparé pour le rôle qu'il devait jouer : le Gouvernement provisoire accorda bien toutes les libertés, mais il ne sut pas contrebalancer l'influence du parti réactionnaire qui comprenait alors les monarchistes et les bonapartistes : les bonapartistes surent profiter habilement des hésitations du parti républicain, et réussirent à faire nommer Louis Bonaparte, président de la République, le 10 décembre 1848.

Louis Bonaparte jura solennellement fidélité

à la Constitution en prenant Dieu à témoin de son serment : trois ans après il se parjurait impudemment, accomplissait le coup d'Etat du 2 Décembre 1851, et l'année suivante se faisait proclamer empereur !

Avec Napoléon III, les libertés disparurent de nouveau pour faire place au despotisme : les Jésuites furent rappelés, les républicains odieusement déportés et persécutés; les francs-maçons eux-mêmes, qui avaient pourtant aidé à porter Louis Bonaparte à la présidence, furent, en guise de remerciement, pourchassés avec ardeur par l'empereur et le clergé ; l'inquisition reparut avec les visites domiciliaires et les surveillés de haute police : les policiers de l'Empire sont restés célèbres !

⁂

Quant au résultat du règne de Napoléon III, il a été plutôt désastreux pour la France : le second Empire nous a coûté tout aussi cher que le premier : c'est la guerre de 1870, la honte de Sedan, la perte de l'Alsace et de la Lorraine, le paiement d'une contribution de guerre de 5 milliards, et le ruineux traité de Francfort !

Voilà ce dont la France est redevable au parti réactionnaire bonapartiste !

⁂

Cependant, le dernier exploit du parti réactionnaire, du parti monarchiste, cette fois, est plus odieux encore; cet exploit, c'est, après la déchéance de Napoléon III, le piège dans lequel les députés monarchistes de l'Assemblée Nationale firent perfidement tomber le parti républicain : le Gouvernement, devant l'affirmation des sentiments nettement antiréactionnaires de la population parisienne, trouva bon d'abandonner Paris pour Versailles ; il espérait que le parti républicain, livré à lui-même, commettrait quelque faute, quelque folie, qui lui permettrait d'intervenir à propos pour rétablir l'ordre et assurer en même temps son autorité : il escomptait l'énervement des Parisiens harassés par les privations et les fatigues du siège effroyable qu'ils avaient si vaillamment, si héroïquement soutenu. Il ne se trompait pas : le Gouvernement parti, aussitôt la Commune s'organisa ; il la laissa s'organiser ; puis, il refusa systématiquement d'entrer en pourparlers avec elle ; ensuite, il l'accula aux pires extrémités et repoussa encore toute conciliation; enfin, après avoir ameuté toute la France contre elle, car il lui fallait bien trouver une excuse pour justifier l'horrible forfait qu'il se proposait d'accomplir, c'est à la tête de toute l'armée reconstituée qu'il l'écrasa ! Le massacre fut épouvantable ; les Versaillais ne firent point de quartier !

Cette répression de la Commune est presque sans exemple dans l'histoire, car elle dura pendant près de six ans, c'est-à-dire tout le temps que les monarchistes se maintinrent au pouvoir : elle visait, manifestement, l'anéantissement du parti républicain.

Voilà le dernier exploit du parti réactionnaire !

Je dis le dernier exploit, parce que sa tentative de faire monter le comte de Chambord sur le trône, en 1873, sous le nom d'Henri V, ne réussit point: pourtant, les orléanistes s'étaient ralliés aux légitimistes ; le comte de Paris, chef du parti orléaniste, avait habilement opéré ce que l'on a appelé la *fusion* : il était allé, ainsi que le prince de Joinville, voir à Frohsdorf, en Autriche, son cousin de la branche aînée de Bourbon, le comte de Chambord, et l'avait reconnu comme chef de la famille et seul représentant du parti monarchiste en France, à la condition, toutefois, comme il n'avait pas d'enfant, que les princes de la maison d'Orléans deviendraient ses héritiers. Cette fusion donnait au parti monarchiste une force considérable en unissant les deux éléments orléanistes et légitimistes, jusque-là divisés.

Assuré, désormais, de restaurer la monarchie en France, le parti réactionnaire ne garda plus aucun ménagement ; son intransigance ne connut plus de bornes, et ses chefs conseillèrent au comte de Chambord de profiter de l'occasion pour rétablir la monarchie absolue : celui-ci déclara aussitôt dans un manifeste qu'il répudiait le drapeau tricolore, assurant qu'il ne laisserait jamais tomber de ses mains l'étendard d'Henri IV, de François Ier et de Jeanne d'Arc !

Cette déclaration n'était pas très heureuse, parce que l'étendard de Jeanne d'Arc était une tapisserie de toutes les couleurs, et si celui d'Henri IV était blanc, comme son panache, par contre François Ier n'en avait pas ! ce prétendant oubliait aussi que l'oriflamme de saint Denis était rouge, et que l'étendard de Charles VI était bleu : il pouvait donc très bien accepter nos trois couleurs, tout en restant dans la plus monarchique et rigoureuse tradition.

Dans tous les cas, il entendit ne point porter la cocarde tricolore, comme avait fait Louis XVI. Cette déclaration eut un effet déplorable, et les voitures étaient déjà prêtes à Neuilly, et tout sellé le cheval blanc du nouveau roi, pour l'entrée solennelle dans Paris, quand l'Assemblée Nationale consultée vota, malgré la plus vive opposition des réactionnaires, le maintien de la République, à deux voix de majorité !

Le parti républicain profita de sa victoire

pour se réorganiser solidement, et, grâce aux efforts persévérants de Gambetta et de ses amis, une Constitution qui portait le titre de républicaine fut votée en 1875.

Cette Constitution, je vous en ai fait la critique dans ma dernière conférence : elle est monarchique, sous une apparence républicaine ; elle établissait, cependant, à l'époque où elle a été votée, le triomphe des républicains.

(l'évolution républicaine)

Il me semble, citoyens, que ce petit aperçu d'histoire contemporaine est suffisant pour établir, d'une façon péremptoire, que le parti réactionnaire est un parti de domination, ennemi du peuple et de ses libertés.

Tous les souverains, sans exception, à commencer par le Premier Consul, qui ont régné depuis la Révolution, ont combattu l'idée égalitaire et persécuté le parti républicain ; tous ont été des hypocrites et ont refusé de tenir les promesses faites et les engagements pris avant d'être nommés : Charles X retire la liberté de la presse, Louis-Philippe refuse la réforme électorale, quant aux deux Bonaparte, ils se parjurent cyniquement ; tous, sans exception, s'appuyèrent sur le parti réactionnaire pour tenir le peuple à leur discrétion.

Nous savons donc, à présent, ce que valent, et ce que coûtent, les sourires des prétendants !

Mais, en revanche, nous savons aussi qu'en dépit du règne ininterrompu, en quelque sorte, du parti réactionnaire depuis le coup d'Etat du 18 Brumaire, l'idée républicaine n'a cessé de s'affirmer, malgré les plus terribles persécutions, et même qu'elle a fini par triompher de son implacable adversaire en 1875 : l'évolution nationale s'est donc faite, envers et contre tout, du côté de l'Egalité et de la Liberté, et rien n'a pu l'arrêter !

Cette évolution, continue depuis 1875, est telle, aujourd'hui, que les idées réactionnaires ne sont plus partagées maintenant que par un très petit nombre de personnes qui sont restées attachées par tradition de famille généralement, à ces conceptions anciennes.

Ce qui est fort curieux, par exemple, c'est d'entendre les gens de ce parti déblatérer contre le régime républicain actuel, qu'ils appellent le *régime infâme*, le *régime abject*, sans se douter le moins du monde que notre Constitution est monarchique, et qu'il ne leur serait point permis d'y toucher, si, par extraordinaire, et cela paraît assez invraisemblable, ils arrivaient encore à s'emparer du pouvoir : et, en effet, quelles promesses un prétendant pourrait-il nous faire ? Quels changements apporferait-il à la Constitution, puisque notre régime est précisément celui de la monarchie constitutionnelle ? Si un prétendant montait sur le trône, cela équivaudrait simplement pour nous à un changement de président et de ministère, et l'on pourrait dire, alors, comme dans la chanson : « Ce n'était pas la peine, assurément, de changer de Gouvernement ! » Le nouveau monarque accorderait-il une liberté nouvelle ? je me demande laquelle ? quant à espérer nous enlever celles que nous avons déjà, cela est une autre question : la nation ne le permettrait pas !

Et il n'y a pas que la France qui a évolué du côté des idées égalitaires et libertaires : le monde entier a suivi notre exemple et le principe de domination se trouve, aujourd'hui, presque partout combattu. Les peuples ne veulent plus être asservis : en Orient, en Perse et en Turquie, la monarchie absolue s'est transformée en monarchie constitutionnelle ; en Asie, c'est la Chine qui s'est mise en République, à l'étonnement universel ; en Europe, c'est le Portugal ; en Angleterre, la Chambre des Communes s'est affranchie de la tutelle de la Chambre des Lords ; et, si l'on en croit les journaux, en Russie, la Douma commence à faire parler d'elle, et en Allemagne le Parlement se dresse devant la puissance impériale !

Dans tous les pays du monde, enfin, on n'entend parler que de rénovation sociale : des

Comités se forment un peu partout, et se donnent le titre de *jeunes* pour bien souligner leurs tendances vers un avenir nouveau, c'est-à-dire leur rupture avec les idées anciennes ; les pays de protectorat, principalement, ainsi que les grandes colonies, déclarent nettement vouloir se séparer des métropoles, afin de vivre leur vie ; les jeunes Hindous, Javanais, Tunisiens, Annamites, etc... inquiètent les chancelleries d'Europe !

Le retour à l'absolutisme peut donc être considéré comme une chimère aujourd'hui, parce qu'on ne marche pas à reculons dans la voie du progrès : le temps avance sans cesse, et accomplit son œuvre de transformation, tant pis pour les retardataires qui restent en route et refusent de le suivre : ceux-là, on ne les voit plus, au détour du chemin !

Que les réactionnaires en prennent donc leur parti, mais leurs idées s'en vont, comme une flamme s'éteint, faute de combustible : le monde n'en veut plus !

(l évolution réactionnaire)

Autrefois, ceux qui dominaient les peuples pouvaient encore les exciter les uns contre les autres, entretenir parmi eux des haines calculées, et les faire s'entre-tuer à leur profit. De nos jours, les peuples ont fini par se connaître, et s'apprécier, grâce aux inventions, aux créations du génie humain : avec les chemins de fer, les grands navires, les automobiles, les avions, les distances n'existent pour ainsi dire plus ; toutes les nations sont en relations suivies les unes avec les autres et voient qu'elles ont tout à gagner à s'entendre, et tout à perdre à se disputer ; les habitants de toutes les latitudes comprennent, enfin, que tous les hommes se ressemblent, que tous ont les mêmes défauts et les mêmes qualités et que tous sont soumis à cette destinée commune : « Qu'il faut manger pour vivre, et que pour manger il faut travailler » ! Aussi, ne refusent-ils pas de se mettre à l'ouvrage, c'est la loi, mais ils estiment qu'ils ont suffisamment travaillé pour les autres, c'est-à-dire pour ceux qui les ont, jusqu'à présent, sous prétexte de les diriger, toujours odieusement exploités, et ils entendent, aux moissons nouvelles, récolter eux-mêmes les grains qu'ils ont semés et ne plus se laisser dépouiller des fruits de leur labeur !

Toutefois, cette lutte entre exploiteurs et exploités est entrée maintenant dans une phase nouvelle, dans notre pays du moins ; l'ancien parti dominateur, comme je vous l'ai dit en commençant, a subi, en effet, lui aussi, l'inévitable influence des temps : en se transformant, il est devenu *le parti capitaliste*, le parti tout-puissant qui courbe les prolétaires sous son joug pesant ! Devant *le capitalisme* s'est dressé *le socialisme,* champion de toutes les revendications populaires, et la lutte se poursuit, sans trêve ni merci, opiniâtre, implacable, entre les deux partis !

Cette lutte, je vous en parlerai dans ma prochaine conférence, *Mercredi soir 4 Mars,* en vous faisant la critique du PARTI SOCIALISTE.

CRITIQUE
DU
PARTI SOCIALISTE

Troisième Conférence
Faite au Rocher Suisse, le 4 mars 1914

(l'École de Karl Marx)

CITOYENNES, CITOYENS,

Après avoir fait la critique de la Constitution de 1875, et démontré que ni le parti républicain, ni le parti réactionnaire n'étaient capables d'apporter une amélioration quelconque à notre actuel état social, parce qu'ils restent obstinément attachés à des idées qui n'ont plus cours, je vais vous prouver, aujourd'hui, que le parti socialiste, tout comme les deux premiers et pour la même raison, se trouve frappé d'impuissance, et ne pourra jamais s'affranchir de la domination du parti capitaliste s'il ne change pas de moyens pour faire valoir ses droits.

Ses théories sont, en effet, plus vieilles que

la Constitution elle-même, puisqu'elles datent de 1862 !

A cette époque, un homme célèbre, Karl Marx, un allemand, entreprit d'orienter le socialisme dans une voie nouvelle et fonda l'école qui porte son nom. Cette école avait la prétention d'être scientifique, en réalité, elle fut surtout matérialiste et révolutionnaire : son influence, dans tous les cas, a été désastreuse pour les travailleurs de notre pays, parce que ceux-ci ont abandonné l'ancien socialisme français pour se mettre à la remorque de ces conceptions nouvelles, et se sont fourvoyé dans une impasse dont ils ne peuvent plus sortir.

Le premier résultat du système de Karl Marx a été, effectivement, de désorganiser complètement *l'association internationale des travailleurs* fondée par le français Tolain : cette association avait originairement pour but le groupement des travailleurs de tous les pays pour la défense de leurs intérêts purement corporatifs ; grâce à Karl Marx et à deux autres révolutionnaires étrangers non moins célèbres, l'allemand Lasalle et le russe Bakounine, elle devint une organisation révolutionnaire terroriste.

Je ne vous ferai pas le parallèle entre le socialisme idéaliste français et le socialisme matérialiste allemand, car cela m'entraînerait à vous faire la critique de tous les systèmes socialistes ; je laisserai donc la doctrine de côté ; je ne m'occuperai pas davantage des nuances multiples des différents groupes socialistes modernes, et ne considérerai ce parti qu'à un point de vue général, dans son idée fondamentale et commune à toutes les fractions qui le composent, en un mot, dans son idée *collectiviste*.

Peut-être, citoyens, trouverez-vous ma critique un peu dure ? Il faut bien, pourtant, que je vous montre les erreurs du parti socialiste, comme je vous ai fait voir celles du parti réactionnaire et du parti républicain, pour avoir le droit de vous exposer ensuite mon propre système de réorganisation sociale !

(les théories du collectivisme)

Suivant Karl Marx et le collectivisme, la propriété individuelle est la cause de tous les malheurs de l'humanité, et la société ne pourra être vraiment réorganisée que le jour où la propriété individuelle, agricole, commerciale et industrielle sera supprimée, et remplacée par *la socialisation*, ou la mise en commun de tous les éléments de production et d'échange.

Cette idée, qui est toute à l'avantage de ceux qui n'ont rien, n'est malheureusement point partagée par ceux qui possèdent quelque chose : ces derniers entendent absolument conserver ce qu'ils ont et ne veulent, sous aucun prétexte, s'en dessaisir.

Aussi, les collectivistes se rendant parfaitement compte que *la socialisation* ne pourra jamais se faire *par persuasion,* ont-ils l'intention de recourir à *l'expropriation forcée* pour arriver à leurs fins.

Mais la force, pour le moment du moins, n'étant pas de leur côté, et se trouvant tout entière, au contraire, du côté de leurs adversaires, pour la conquérir ils se trouvent nécessairement obligés de déclarer la guerre à ces derniers, et ce n'est qu'après les avoir vaincus qu'ils pourront réussir.

Cette guerre, pour les collectivistes, s'appelle la lutte des classes, la lutte des prolétaires contre les capitalistes ou les bourgeois.

Nous allons examiner les positions respectives des deux partis en présence, ainsi que les moyens dont ils disposent chacun.

Pour arriver à l'expropriation capitaliste, les collectivistes se proposent de s'emparer des pouvoirs publics, estimant que, le jour où leurs représentants seront en majorité au Parlement, le vote des lois pour l'organisation de la société communiste ne sera plus qu'un jeu.

Toutefois, ce n'est pas chose facile que de renverser un gouvernement et de prendre sa place ! L'histoire enseigne que les révolutions ne se font que de deux façons : ou bien par voie légale et pacifique, suivant des conventions établies d'un commun accord par les membres d'une même société, ou bien par voie illégale et violente, au moyen d'une attaque soudaine ou de quelque coup de force.

D'abord, les collectivistes ont eu recours à la première méthode, puis, s'apercevant que celle-ci ne leur donnait aucun résultat, ils se sont rejetés sur la seconde : nous allons voir que celle-là, pas plus que la première, ne leur a donné et ne leur donnera jamais satisfaction.

(la méthode légale et pacifique)

Commençons par la première, par la voie légale et pacifique.

Je vous ai démontré, dans ma première conférence, comment, par suite de l'absurdité de notre système de représentation nationale, les députés et les sénateurs se trouvaient dans l'impossibilité de s'occuper des intérêts de leurs électeurs, comment les lois étaient forcément mal faites, et comment les élus du suffrage universel, s'occupant principalement de leurs intérêts personnels, passaient leur temps à faire de la stérile politique de parti.

Eh bien ! à la Chambre et au Sénat les représentants du socialisme font comme les autres, et, en fait de revendications populaires, s'occupent plutôt de savoir s'ils gagneront quelque chose à faire tomber les ministères : et l'on assiste parfois à ce spectacle vraiment curieux et stupéfiant, celui de voir l'extrême-gauche s'unir à l'extrême-droite, par exemple, c'est-à-dire pactiser avec son plus redoutable ennemi, pour renverser le gouvernement !

Ces compromissions scandaleuses démontrent bien, à mon avis, la faiblesse de l'argumentation des élus socialistes quand il s'agit d'aborder la réalité des problèmes sociaux !

Toujours est-il que les représentants du socialisme forment, au Parlement, un parti qui fait uniquement le jeu de ses adversaires réactionnaires ou républicains : c'est lui qui les aide, tout à tour, à tirer du feu des marrons qu'il ne mange jamais ! En dehors des intrigues de couloirs son impuissance est manifeste !

Cela est si vrai qu'il n'est jamais parvenu à faire aboutir un projet de loi réellement profitable à la classe ouvrière!

S'agit-il de la loi sur les accidents du travail: l'ouvrier blessé est obligé de s'adresser aux tribunaux pour réclamer son indemnité, et doit partager ensuite celle-ci avec les hommes d'affaires qui se chargent de la lui faire obtenir, car, sans eux, il ne pourrait pas arriver à toucher un sou des Compagnies d'assurances ;

cette loi est donc surtout profitable aux gens de justice ;

S'agit-il de la loi sur les retraites ouvrières et paysannes : je ne crois pas qu'elle soit de nature à satisfaire les travailleurs? — il est heureux, pourtant, que son principe ait été reconnu et admis ;

S'agit-il de la loi sur le repos hebdomadaire: elle est inapplicable ! etc..., etc...

On dirait, véritablement, que tout ce qui touche aux intérêts de la démocratie est exagéré, ou dénaturé, à plaisir, pour être rendu ridicule ou odieux !

Il est vrai d'ajouter, à la décharge des parlementaires socialistes, que le parti capitaliste est tout-puissant au Parlement ; il est même tout-puissant dans le pays, et cela m'amène à vous dire quelques mots de sa formidable organisation.

(l'organisation capitaliste)

D'abord, le capitalisme a pour lui les membres du gouvernement et la plus grande partie des membres du Parlement. Ceux-ci, en effet, sont en contact permanent avec les détenteurs de la fortune publique ou privée : financiers, rentiers, gros propriétaires, directeurs de grandes compagnies ou sociétés, telles que banques, chemins de fer, canaux, assurances, etc..., et vous n'ignorez pas que c'est dans les conseils d'administration de tous ces grands établissements, gérés par des millionnaires, que viennent prendre leur retraite, quand ils se retirent de la vie politique, tous les anciens ministres et parlementaires influents ; cette retraite est dorée, car vous savez combien fabuleuses sont les sommes que s'allouent, en général, les membres des conseils d'administration des grandes entreprises — sur le dos des actionnaires, bien entendu — vous comprenez aussi que ce n'est pas uniquement pour leurs beaux yeux qu'on fait à ces anciens parlementaires une pareille situation, mais bien à cause des services qu'ils ont rendus à ces sociétés pendant qu'ils étaient au Parlement ou au pouvoir, soit qu'ils aient défendu tel ou tel projet de loi favorable au capitalisme, soit qu'ils aient fait échouer, au contraire, telle ou telle revendication populaire qui pouvait les gêner dans leur exploitation et les empêcher de s'enrichir.

Je vous ai dit encore, dans ma première conférence, que l'élection d'un député ou d'un sénateur coûtait très cher, et que ce n'était pas impunément que les candidats dépensaient des sommes aussi considérables pour assurer leur élection : une fois élus, les millionnaires, effectivement, travaillent pour leur propre compte et défendent le capitalisme; quand à ceux qui sont soutenus par des partis politiques, ils travaillent à leur tour pour leur parti, c'est-à-dire encore pour le capitalisme, quand ce sont des bourgeois : il s'ensuit donc bien que les membres du gouvernement, et la plus grande partie des membres du Parlement, sont inféodés au capitalisme !

Comment s'étonner, après cela, de voir les lois faites exclusivement au profit des riches et au détriment des petits !

Quant aux parlementaires socialistes, ils se trouvent, de leur côté, en butte à deux sortes de tentations : la première, c'est d'être achetés par le parti capitaliste, quand ils sont habiles ou éloquents, car, hélas ! tout s'achète, même les consciences, et le parti socialiste n'est pas sans voir, de temps en temps, quelques-uns des siens, et des meilleurs, subitement s'enrichir, tourner casaque et passer au camp ennemi ; la seconde tentation c'est, après l'argent, les honneurs, la gloriole, l'ambition, suivant l'habituel état d'esprit de la plupart des individus qui montent les degrés de l'échelle sociale. Cet état d'esprit vous le connaissez : celui qui n'a pas le sou est révolutionnaire ; a-t-il gagné un peu d'argent pour s'établir, il raisonne immédiatement comme un bourgeois ; est-il devenu millionnaire, vite il achète un titre de noblesse, se fait appeler M. le comte, ou M. le baron, gros comme le bras, oublie que ses ancêtres, peut-être, marchaient pieds nus derrière une roulotte, autrefois, et devient réactionnaire ! de même, tout député, s'il est ambitieux, aspire à devenir ministre ; s'il devient ministre, il y a beaucoup de chances, alors, pour qu'il ne soit plus socialiste, si telle était auparavant son opinion, car ne fréquentant plus que les gens du grand monde, à ce moment, il fait chorus avec eux et abandonne généralement la démocratie !

Non seulement le capitalisme est tout-puissant au Parlement, mais il l'est encore au Palais de justice, parce que le corps entier des magistrats a l'esprit, sinon complètement réactionnaire, du moins absolument bourgeois, et tous les conflits entre ouvriers et patrons sont généralement solutionnés au bénéfice de ces derniers, quand les questions soulevées sont de nature à porter atteinte aux droits des capitalistes ; et il ne peut pas en être autrement puisque la magistrature se trouve sous la dépendance du gouvernement : essayez de plaider contre une grande compagnie, vous n'aurez jamais raison !

Le parti capitaliste dispose encore de toutes les forces gouvernementales : police, armée, fonctionnaires, etc..., sans compter l'appui que lui prêtent les bourgeois, et tous ceux qui, possédant quelque chose, ou ayant un avenir assuré, se désintéressent des affaires des autres, par conséquent de la cause des petits !

Devant une organisation semblable, il est évidemment impossible aux socialistes de s'emparer des pouvoirs publics par la voie légale et pacifique !

Le parti socialiste l'a fort bien compris : il s'est rendu compte de l'impuissance de ses parlementaires et politiciens, et fatigué d'être toujours dupé, malgré les plus allèchantes promesses, les plus beaux et les plus longs discours, a-t-il résolu de se passer dorénavant de leurs lumières et d'agir seul, suivant la parole de Karl Marx : « L'émancipation des prolétaires sera l'œuvre des prolétaires eux-mêmes », et persuadé que par la voie légale et pacifique il n'avait aucune chance de faire aboutir ses revendications, a-t-il abandonné celle-ci à ses élus, en leur donnant carte blanche, et s'est-il lancé, résolument, dans la voie illégale et violente, pour trouver son salut !

(la méthode illégale et violente)

(L'action directe et le terrorisme)

Parlons un peu, maintenant, de la seconde méthode.

Les moyens de la méthode violente peuvent être ramenés à trois principaux : l'action directe, ou le terrorisme, la grève générale, et l'insurrection.

Je vais vous démontrer que ces trois moyens ne sont pas de nature à troubler un seul instant la sérénité des capitalistes, et ne pourront jamais arriver à porter atteinte à leur redoutable organisation.

Envisageons d'abord l'action directe et le terrorisme.

Tous ceux qui préconisent ce moyen violent peuvent se ranger, à leur tour, dans trois catégories : celle que j'appellerai les *amoraux*, celle des *terroristes anarchistes*, partisans de la propagande par le fait, enfin celle des *saboteurs*.

Les amoraux ne sont pas intéressants : ce sont en général des individus qui trouvent *le travail* un exercice inutile et fatigant, et estiment que, dans une société aussi mal organisée que la nôtre, le procédé le plus simple pour se procurer de l'argent quand on n'en a pas, est encore de le prendre dans la poche de ceux qui en ont : telle est leur manière de comprendre l'expropriation capitaliste !

Bien entendu je ne parle que des amoraux qui se réclament du socialisme, et qui jouissent de leurs droits civils, et je ne les confonds pas avec ceux qui ont la même mentalité, mais qui forment le bataillon des escarpes et des filous dont les méfaits et les démêlés avec la justice remplissent les faits divers des journaux.

Les terroristes anarchistes, et les partisans de la propagande par le fait, n'ont pas plus de sens moral ; très peu nombreux, cependant, on peut les considérer comme des isolés ; ce sont presque toujours des exaltés ; en général, ils ont fort mal compris les théories des humanitaires, et, faute d'avoir su se les assimiler, sont tombés dans les exagérations les plus insensées : ce n'est pas en assassinant des chefs d'État, ni en lançant des bombes, en effet, que l'on peut arriver pratiquement à réorganiser la société ; le meurtre n'est pas un système social ; et ceux qui prétendent vouloir le bonheur des autres devraient commencer par comprendre que le premier devoir du philanthrope est de respecter la vie de son prochain ! Dans notre pays, les terroristes sont assez rares ; quand ils font parler d'eux, presque toujours il s'agit d'un fou ou d'un étranger.

Il ne faut pas, non plus, confondre les terroristes anarchistes avec les anarchistes proprement dit, ces derniers n'étant, le plus souvent que des utopistes, et de doux et inoffensifs rêveurs !

Quant aux saboteurs, ils peuvent être considérés comme le fléau du socialisme, car plus encore que les amoraux et les terroristes, ils font un tort considérable au parti.

Comprenant, eux aussi, la lutte des classes à leur manière, ils ne rêvent que l'effondrement du bourgeois, considèrent le patron comme un ennemi et s'ingénient à lui faire le plus de mal possible pour le ruiner ; les saboteurs sont la plaie des ateliers ; de plus, leurs procédés révoltent tous les autres travailleurs qui sont obligés, malgré eux, d'en supporter les conséquences : quand une machine se trouve brisée, une matière première gâchée, un four éteint, etc..., les ouvriers doivent nécessairement chômer ; or le chômage est la ruine pour eux ; sans compter que, si le patron est obligé de fermer sa boutique, par suite du tort considérable qui lui a été causé, tout le monde, du même coup, se trouve sur le pavé !

Tout acte de sabotage est donc, par essence, bête et méchant : bête, parce qu'il ne profite à personne ; méchant, parce qu'il fait du tort à tous ! Aussi, les partisans de l'action directe sont-ils, en quelque sorte, réprouvés universellement, aussi bien par les travailleurs que par les patrons.

Pour se défendre contre les amoraux, les terroristes et les saboteurs, le capitalisme dispose de la force redoutable de ses gendarmes, de sa police et de ses tribunaux, force contre laquelle aucun agitateur ne peut se dresser sans être immédiatement et impitoyablement brisé !

(*La grève générale*)

Passons maintenant au second moyen de l'action violente, à celui de la grève générale.

La grève générale, suivant Karl Marx, est le coup de maître que le prolétariat doit accomplir pour terrasser le capitalisme. Cette grève, à l'organisation de laquelle tous les corps de métier doivent consacrer leurs soins, devra durer pendant plusieurs semaines, et ses conséquences fatales, par suite de la suppression des affaires tant intérieures qu'extérieures, et de tout mouvement économique, seront, paraît-il, de provoquer la ruine irrémédiable et complète du capital et la destruction de la société actuelle.

Une fois la bourgeoisie vaincue, les prolétaires pourront organiser la société collectiviste.

Malheureusement pour les socialistes, si la conception de la grève générale est ingénieuse, par contre elle est irréalisable pratiquement, et vous allez immédiatement comprendre pourquoi.

Elle suppose, d'abord, une entente commune et complète de tous les travailleurs; or, si l'on peut admettre, à la rigueur, qu'une pareille union puisse s'établir dans un petit pays où tout le monde se connaît, elle est pour ainsi dire impossible dans une grande nation à cause du nombre considérable de ses habitants, lesquels ont tous des intérêts différents résultant de la diversité de leurs professions et occupations personnelles.

L'entente commune de tous les travailleurs en vue de la grève générale est donc déjà une utopie.

D'autre part, comme a dit La Fontaine dans une de ses fables, « on a souvent besoin d'un plus petit que soi». et c'est surtout en considérant le fonctionnement d'une société organisée que l'on peut apprécier la justesse de cette observation : la vie sociale, en effet, n'est qu'un perpétuel échange de services réciproques entre citoyens, et le plus clair résultat de l'activité nationale est celui-ci : chacun en travaillant pour son compte travaille pour les autres en même temps, et chacun profite par conséquent et ne peut se passer du travail d'autrui.

Si pour vivre nous avons tous besoin les uns des autres, et je ne crois pas que l'on puisse contester cette vérité, il s'ensuit que le principe de la grève générale est stupide, parce que si tout le monde se mettait en grève au même moment, et s'arrêtait de travailler, ce serait l'anéantissement pur et simple, non pas seulement des capitalistes, suivant le rêve cher à Karl Marx, mais bien celui de la société tout entière, ce qui serait une absurdité !

C'est absolument comme si l'on proposait, pour remédier à la souffrance humaine, de tuer les malades au lieu de les soigner ! Evidemment, une fois morts, ils ne se plaindraient plus !

Cette conception de la grève générale, d'ailleurs, est basée sur un principe faux.

Karl Marx prétendait que, fatalement, par la force des choses, les capitalistes, en accaparant à leur profit la richesse sociale, deviendraient de moins en moins nombreux et de plus en plus riches, tandis que le nombre des prolétaires devrait augmenter en raison de la diminution de celui des possédants, et il ajoutait que la société courait à une catastrophe inévitable par suite de la disproportion effrayante qu'il y aurait, à un moment donné, entre les quelques-uns qui posséderaient tout et ceux qui n'auraient rien.

Eh bien ! non seulement les prévisions de Karl Marx ne se sont pas réalisées, mais c'est l'inverse, au contraire, qui s'est produit, de sorte que les idées du réformateur allemand sont ruinées de fond en comble aujourd'hui : la fortune, au lieu de se concentrer dans les mains de quelques gros capitalistes, s'est éparpillée au contraire dans celles d'une infinité de petits possédants dont le nombre va toujours croissant; tous les jours, l'épargne fait de nouveaux propriétaires, et des prolétaires deviennent des bourgeois; en un mot, la bourgeoisie est en train d'absorber le prolétariat; et cet embourgeoisement a lieu non point uniquement en France, mais dans tous les autres pays; d'après les statistiques, et des statistiques déjà un peu anciennes puisqu'elles remontent à 1900, on a évalué qu'en France, sur 38 millions d'habitants, il y en avait près de 30 millions qui possédaient quelque chose contre 8 millions qui n'avaient rien.

Dans ces conditions, il est bien évident qu'une grève générale n'est pas possible, puisqu'en supposant que 8 millions de Français la désirent, il y en a 30 millions qui n'en veulent point !

Devant l'éloquence d'une disproportion semblable, il n'y a rien à ajouter.

(La grève corporative)

A défaut de la grève générale, les prolétaires ont recours à la grève particulière, à la grève corporative, pour obliger les patrons à augmenter leurs salaires et faire droit à leurs revendications.

Cette arme, malheureusement, est une arme funeste, qui se retourne toujours contre la démocratie.

Il est fort simple, en effet, de s'imaginer que si tous les ouvriers d'un même chantier se mettent à abandonner le travail en même temps, le patron, pour ne pas être ruiné, fera nécessairement droit à leurs demandes !

Dans la pratique, les choses ne se passent pas aussi aisément, et la grève peut être considérée pour le travailleur comme la lutte du pot de terre contre le pot de fer. Qu'arrive-t-il, en réalité, quand une grève est déclarée ? Le patron perd de l'argent, c'est entendu, mais il mange tout de même, il a, comme on dit, les reins solides, il peut attendre longtemps, très longtemps, tandis que l'ouvrier, au bout de quelques semaines, ou de quelques jours, une fois ses économies épuisées, meurt absolument de faim, et se trouve alors obligé de reprendre le travail à n'importe quel prix, bien heureux si le patron n'a pas fermé son usine pour aller s'établir ailleurs : dans ce dernier cas, il se trouve sur le pavé, sans un sou, et s'il ne trouve pas à s'embaucher n'importe où, il est obligé de mendier son pain pour pouvoir manger, et court le risque de se faire arrêter comme vagabond ! S'il a femme et enfants, c'est la misère pour tous, et pour peu que la maladie s'en mêle, la mort !

Supposons, maintenant, que la grève ait réussi, que le patron ait cédé. Croyez-vous, par hasard, que ce capitaliste va diminuer son bénéfice du chef de l'augmentation des salaires de ses ouvriers ? Vous n'y pensez pas ! Pour rentrer dans son argent, il fera tranquillement payer au consommateur la perte qu'il aura subie, en augmentant immédiatement le prix de sa marchandise; il fera ce qu'on appelle *la hausse* sur son produit, et tous les autres patrons imiteront son exemple : l'augmentation de salaire n'aura été, par conséquent, qu'un leurre pour le gréviste, puisque celui-ci, comme tout le monde dorénavant, devra payer plus cher ses objets de consommation ! Et c'est encore lui qui sera la dupe, parce que la hausse de prix de l'objet fabriqué ne sera jamais en rapport avec l'augmentation de salaire accordée, mais toute à l'avantage du fabricant.

Après chaque grève, tout augmente, telle est la loi, et c'est pourquoi la vie devient de plus en plus coûteuse et pénible, que dis-je, qu'elle devient même fort difficile, puisque les propriétaires, à leur tour, sous prétexte que la vie est chère, se sont mis à augmenter leurs loyers et qu'on ne peut plus trouver à se loger à des prix raisonnables !

Cette arme de la grève se retourne encore contre la démocratie parce que les gros capitalistes y ont recours eux-mêmes quelquefois, tant pour maintenir le chiffre de leurs revenus que pour tenir les prolétaires à leur merci.

Pour maintenir le chiffre de leurs revenus, quand il s'agit, par exemple, d'une surproduction.

Toute surproduction, effectivement, amenant inévitablement une baisse de prix, le gros industriel se trouve obligé, à ce moment, ou de diminuer son bénéfice, ou d'arrêter sa fabrication pour réduire son stock; mais arrêter sa fabrication n'est pas chose à faire, parce que ses concurrents seraient au courant de sa situation et pourraient en profiter; de plus, il ne peut pas mettre tous ses ouvriers à la porte, parce qu'il ne les retrouverait plus à la reprise du travail; alors, il mécontente son personnel, et, grâce à quelques meneurs qui sont à sa solde, une grève est bientôt déclarée; pendant ce temps, il ne fabrique pas, et réalise même, de ce fait, une appréciable économie en ne payant plus ses ateliers: au bout de quelques semaines tout s'apaise, le travail reprend, et le tour est joué !

Oui, mais pendant ce temps, de leur côté, les malheureux ouvriers ont crevé de faim et de misère !

Enfin, les capitalistes ont recours à la grève pour tenir les prolétaires à leur merci : effectivement, aussitôt que les travailleurs, après s'être imposé les plus durs sacrifices parfois, ont constitué leurs caisses de prévoyance, caisses de grèves, caisses de secours ou autres, pour tenir tête au patronat, en cas de conflit, et que celles-ci commencent à se remplir, vite, par les soins du capitalisme flairant le danger, une grève est déclarée: c'est un moyen sûr et infaillible de vider les caisses ouvrières et d'empêcher la résistance prolétarienne de s'organiser ! Quand il n'a plus d'argent, l'ouvrier ne peut plus lutter : il est obligé de se rendre et de passer par les conditions, quelles qu'elles soient, de celui qui l'exploite !

La grève est donc bien une arme funeste pour la démocratie, puisqu'elle se retourne invariablement contre elle pour la frapper !

Le malheur, c'est que la classe ouvrière n'a pas l'air de s'en douter !

(*L'insurrection*)

Considérons, à présent, le troisième moyen de la méthode violente : *l'insurrection !*

Hélas ! tout comme celui de la grève générale, il est pratiquement irréalisable de nos jours.

C'est encore une idée que les collectivistes doivent abandonner.

Les temps sont bien changés, en effet, depuis 1793 !

A cette époque, l'article 33 de la Constitution déclarait que : « La résistance à l'oppression est la conséquence des autres droits de l'homme. »

Et l'article 35 proclamait : « Quand le Gouvernement viole le droit du peuple, l'insurrection est pour le peuple, et pour chaque portion du peuple, le plus sacré et le plus indispensable des devoirs ! »

A cette époque, les citoyens avaient le droit de porter des armes; ce droit, ils l'ont conservé jusqu'en 1871 ; ils ne l'ont plus, aujourd'hui !

La réaction a profité de la répression de la Commune pour désarmer la Garde nationale, et la Garde nationale elle-même n'existe plus !

Dans ces conditions, comment voulez-vous qu'une insurrection puisse avoir quelque chance de succès ? D'un côté, se trouveraient les prolétaires, sans armes, et de l'autre, le Gouvernement avec toutes ses forces policières et l'armée !

En désarmant le peuple, le Gouvernement réactionnaire de 1871 savait bien ce qu'il faisait : il empêchait toute insurrection nouvelle, toute révolution violente ultérieure possible; puis, en privant de leurs droits civils les citoyens se trouvant sous les drapeaux, officiers et soldats, il faisait de l'armée *la grande muette,* c'est-à-dire un corps d'esclaves, obligé d'obéir passivement à ses ordres, sans pouvoir les discuter.

Cette force est tellement aveugle et redoutable, qu'il faudrait être fou pour songer à se dresser devant elle un instant !

Toute insurrection est impossible de nos jours.

Autrefois, l'armée pouvait encore fraterniser avec le peuple — du reste, c'est grâce à son concours que la Révolution de 1830 et celle de 1848 ont pu s'accomplir.

Aujourd'hui, elle ne le peut plus : les soldats sont obligés de tirer sur leurs frères, si le Gouvernement l'ordonne; s'ils refusent, ils tombent sous le coup de la loi militaire; le Gouvernement est le maître absolu !

Cela n'empêche pas le peuple, quand il fête le 14 juillet, de chanter des hymnes à la

Liberté et de célébrer les bienfaits de la Troisième République !

(l'internationalisme et l'antimilitarisme)

L'armée étant la principale force du Gouvernement, celui-ci lui consacre naturellement tous ses soins, et comme elle est, en même temps, l'instrument par excellence de la défense nationale, il se trouve qu'en s'occupant d'elle il s'occupe de lui ainsi que des intérêts du pays : de là ces crédits extraordinaires, ces budgets formidables votés continuellement pour assurer, suivant une phrase sacramentelle « à l'extérieur, le respect de nos frontières; à l'intérieur, la grandeur et la sécurité du pays ! »

Cette paix armée, hélas ! est la ruine de nos sociétés modernes : les impôts sont écrasants et la vie devient de plus en plus difficile.

Pour remédier à cet état de choses, le moyen le plus simple serait, évidemment, de supprimer les armées permanentes, de désarmer; le désarmement, à son tour, pour pouvoir s'effectuer suppose un accord intervenu entre toutes les puissances, en un mot une entente internationale : c'est donc par l'internationalisme, uniquement, que nous pourrons y arriver un jour; aussi l'internationalisme est-il très en faveur dans les milieux socialistes; il est regrettable, toutefois, qu'il soit compris sous une forme qui lui aliène toutes les sympathies, et le rende même odieux à la population tout entière.

Vous allez immédiatement le comprendre : Les internationalistes commencent par poser en principe que « la patrie n'existe pas », ils en concluent que l'armée est un non-sens et tous leurs efforts tendent à la supprimer.

Dire que la patrie *ne devrait pas exister*, c'est une opinion comme une autre; chacun peut envisager une existence idéale à sa façon, et se complaire dans la vision d'un monde merveilleux et chimérique, produit de l'imagination ou de la rêverie; un monde dans lequel, par exemple, tous les hommes seraient bons et vertueux et ne chercheraient qu'à s'entr'aider mutuellement pour faire leur bonheur réciproque !

Une pareille humanité, cependant, et cela est fâcheux, n'a rien de commun avec celle qui s'agite actuellement sur notre planète, et si l'on veut s'occuper de la société, on doit, naturellement, raisonner sur des réalités et la prendre telle qu'elle est. Prétendre, par suite, que la patrie *n'existe pas* est une véritable absurdité, parce qu'il suffit, pour s'en convaincre, de déplier une carte du monde et de jeter les yeux sur ses territoires habités : toute la terre est divisée; à côté de contrées fertiles, se trouvent des déserts; il y a des terres chaudes et des terres froides, suivant les latitudes, et ceux qui les habitent, eux-mêmes, ne se ressemblent pas, les uns sont blancs, les autres jaunes, ou encore rouges ou bien noirs et leurs langues diffèrent ainsi que leurs usages.

Pour supprimer les frontières, il faudrait par conséquent, d'abord le consentement unanime des peuples, première impossibilité; ensuite, seconde impossibilité, il faudrait également supprimer les frontières naturelles : les montagnes, les fleuves, les mers, supprimer également les quatre points cardinaux, les pôles et l'équateur !

Supprimer les frontières est si bien une absurdité, qu'en supposant même qu'on puisse y parvenir, il faudrait, pour la commodité des humains immédiatement les rétablir: comment feraient-ils, effectivement, pour se reconnaître si aucune délimitation territoriale n'existait plus ? Déjà les pays sont divisés en provinces, en départements, en cantons, en communes: faudrait-il aussi les supprimer, ainsi que dans les villes les arrondissements, les quartiers ? Pourquoi pas, par la même occasion, les noms des rues ainsi que les numéros des maisons ? c'est absurde !

On ne peut pas toucher à l'idée de patrie; cette idée se trouve implantée dans le cerveau de l'homme dès son berceau : chacun aime l'endroit où il est né, où il a passé son enfance, où il a grandi, et tous les hommes, quand ils l'ont quitté, éprouvent un jour le besoin de venir le revoir; quand ils restent trop longtemps sans y retourner leurs yeux se mouillent de larmes, quelquefois, rien que d'y penser; et si, par hasard, *le mal du pays*, comme on l'appelle, vient à les prendre, alors rien ne les retient plus, ils quittent tout pour y rentrer.

On ne raisonne pas avec les sentiments naturels !

L'idée de patrie est tellement ancrée dans le cœur humain qu'il n'est pas possible de l'en arracher; les hommes du reste, l'ont si bien reconnu et compris que la plus grande punition qu'ils ont inventée, après celle de la mort et de la privation de la liberté, a été le bannissement, l'exil !

⁂

Après avoir déclaré que la patrie n'existe pas, les internationalistes s'en prennent à l'armée, et là encore ils commettent une déplorable erreur, car, au lieu de s'en prendre à son principe, ils s'en prennent à son organisation.

Pour désorganiser l'armée, ils prêchent l'antimilitarisme, et cet antimilitarisme est particulièrement déplaisant à la population à cause de ses moyens révoltants, qui sont : la désobéissance, la révolte et la désertion !

Franchement, il faudrait avoir perdu toute dignité de soi-même pour se rendre à de semblables invitations ! On ne peut pourtant pas demander à nos soldats d'abandonner leur poste, en présence d'un ennemi qui nous guette et n'attend qu'une occasion pour nous attaquer !

Le propre de notre race, justement, est d'être brave, et c'est par leur courage que se sont toujours illustré nos aïeux : le respect que nous devons à leur mémoire ne nous permet pas de les déshonorer; d'abord, si jamais nous devenions des lâches, nous ne serions plus dignes de porter le nom de Français !

L'antimilitarisme se trouve donc frappé de stérilité parce qu'il est impopulaire : ces doctrines, dans tous les cas, font au parti socialiste le plus grand tort.

⁂

Quant à l'internationalisme proprement dit, je m'abstiendrai d'en parler, parce qu'il me faudrait mettre en cause les pays étrangers.

J'en parlerai d'autant moins, que j'estime que la plupart des autres nations sont en retard de plus d'un siècle sur notre propre évolution : elles ont des systèmes de Gouvernement, des idées, des coutumes, des usages, que je trouve antiques ; en réalité, aucun peuple ne peut nous comprendre : nous n'avons pas la même mentalité ! Dans la voie du progrès, c'est la France, toujours, qui a tracé la route; les autres n'ont jamais fait que la suivre !

En fait d'internationalisme, ce sont les étrangers qui profitent de nous ; nos portes sont ouvertes à tous, et ils peuvent venir impunément s'établir dans notre pays pour travailler ou nous faire concurrence : eh bien ! essayez, à votre tour, d'aller chez eux, et vous verrez comment ils useront envers vous de réciprocité ? essayez ! je vous réponds que vous serez édifiés et fixés, ensuite, sur leurs véritables sentiments internationalistes !

(manque d'organisatian du parti socialiste)

Vous voyez donc bien, citoyens, que le parti socialiste, quels que soient les moyens employés, légaux ou illégaux, pour combattre le capitalisme, ne pourra jamais arriver à avoir le dessus : il se trouve absolument désarmé et par conséquent à la merci de son adversaire qui a pour lui : le Gouvernement, le Parlement, la magistrature, les fonctionnaires, l'armée, et la plus grande partie de la population.

La principale cause de sa faiblesse, et sa plus grande erreur, est de s'en tenir encore à des formules qui datent de 1862, aux conceptions du révolutionnaire allemand Karl Marx!

Toutes les idées de ce réformateur sont reconnues fausses aujourd'hui ; il serait donc parfaitement absurde de s'entêter à s'y cramponner, et le parti socialiste se trouve ainsi dans l'obligation absolue de les abandonner et de changer de programme s'il veut triomper.

Et c'est maintenant que je vais formuler ma dernière critique : comment le parti socialiste pourrait-il changer de programme, puisqu'il n'en a jamais eu, puisqu'il n'en a pas !

Eh oui ! citoyens, ce que je vous dis peut-être vous étonne, mais telle est pourtant la vérité : le parti socialiste n'a pas de programme ! Karl Marx s'est abstenu de dresser le plan de la société future, et après lui les chefs du socialisme n'ont pas davantage dressé celui de l'Etat de l'avenir !

Le parti socialiste est un parti qui n'a pas de programme : c'est encore la raison pour laquelle il se trouve aujourd'hui divisé !

Alors que toute la force d'un parti réside uniquement dans son organisation : quelles peuvent être, en vérité, l'organisation et la force d'un parti qui n'a pas de programme ? Et comment pourrait-il, dans ces conditions, se lancer utilement à l'assaut du capitalisme ?

Et voilà pourquoi les capitalistes se rient des efforts des prolétaires qu'ils courbent tous les jours un peu plus sous un joug de fer !

LES BASES
d'une Organisation rationnelle de la Société

Quatrième Conférence
Faite au Rocher Suisse le 18 mars 1914

(les bases d'une organisation rationnelle de la Société)

CITOYENNES, CITOYENS,

Dans mes trois premières conférences, je vous ai fait la critique des trois grands partis politiques : républicain, réactionnaire et socialiste, et vous avez pu vous convaincre qu'aucun d'eux n'était capable d'apporter une amélioration quelconque au sort des travailleurs : le parti républicain et le parti réactionnaire ont fusionné en quelque sorte tous les deux pour devenir le parti capitaliste, et sont fermement attachés à la constitution monarchique de 1875 ; quant au parti socialiste, il en est encore à des idées qui datent de 1860, aux théories de Karl Marx, théories reconnues complètement fausses aujourd'hui ; et il se trouve, pour cette raison, absolument désemparé, et sans armes, devant le capitalisme triomphant.

J'arrive, maintenant, à la seconde série de mes conférences, à l'exposé et au développement de mon programme proprement dit ; je vous ai annoncé un plan complet de réorganisation sociale, envisagé au triple point de vue théorique, pratique et de réalisation : j'aborderai donc, aujourd'hui, le premier de ces points de vue, en posant les bases d'une organisation rationnelle de la société.

Ces bases sont les suivantes :

« La loi sociale est triple et une ; elle doit « tenir compte des principes d'égalité géné- « rale, d'inégalité individuelle, de liberté et « de fraternité ; elle doit envisager l'enfant, « l'adulte et le vieillard : elle se résume tout « entière dans l'organisation du travail, le tra- « vail étant pour l'homme une obligation natu- « relle.

« L'organisation du travail doit garantir, à « son tour, à tous les travailleurs, les quatre « droits suivants : liberté du travail, droit au « travail, droit aux bénéfices, droit à une re- « traite pour l'avenir ; et elle doit respecter « l'égalité des droits des trois facteurs de toute « production associés, qui sont : le capital, la « main-d'œuvre et l'intellectualité. »

Voilà quelle devrait être la loi de l'humanité !

Je vais considérer cette loi sous ses divers aspects, et vous démontrer qu'elle est la résultante des lois de la nature.

Toute société, quelle qu'elle soit, se trouve composée d'hommes, de femmes, d'enfants et de vieillards, en vertu des lois naturelles qui régissent l'universalité des êtres animés de notre planète, lesquels, dès qu'ils apparaissent en ce monde, sont immédiatement obligés de manger pour vivre, grandissent, atteignent un point maximum de développement pour décroître ensuite, et mourir.

Vous allez voir, citoyens, où ces constatations élémentaires vont nous conduire, et ce qu'elles cachent sous leur apparente simplicité.

D'abord, elles nous amènent à formuler les lois générales qui régissent l'humanité ; ensuite, elles nous permettent de déterminer les droits et les devoirs des individus, autrement dit les principes de la morale ; enfin, elles nous donnent la possibilité d'établir les fondements de toute organisation sociale.

De plus, elles nous donnent encore la facilité d'envisager ces questions philosophiques, morales et sociales, sans avoir à nous occuper, en quoi que ce soit, des religions. Vous savez, en effet, que toute religion s'appuie sur un enseignement dogmatique, pour donner à l'homme une règle de conduite et préconiser certaines formes de gouvernement : la philosophie religieuse, en outre, s'applique surtout à étudier l'homme dans ses origines et ses fins. en cherchant à déterminer ce qu'il peut être quand il n'est pas encore venu en ce monde, et ce qu'il sera quand il l'aura quitté ; elle conclut ensuite, et subordonne tout à ses conclusions. Notre méthode, à nous, sera beaucoup plus simple, elle sera directe, et sans nous préoccuper aucunement de savoir ce que peut être l'homme avant sa naissance, et ce qu'il deviendra après sa mort, nous l'étudierons tel qu'il est, tel que nous le voyons pendant son passage sur la terre ; et les constatations que nous venons de faire seront suffisantes pour nous apprendre tout ce que nous désirons savoir.

⁂

Commençons par les lois générales qui régissent l'humanité.

Les premières de ces lois sont : *la loi des besoins* et la *loi d'égalité ;* tous les humains naissent, vivent, grandissent, décroissent, meurent de la même façon ; ils ont tous les mêmes besoins, les mêmes sollicitations naturelles, et, pour les satisfaire, les mêmes organes; en un mot, tous les humains sont égaux.

Toutefois, cette loi d'égalité générale se trouve immédiatement modifiée par une troisième loi qui est celle de *l'inégalité individuelle.* Si tous les humains sont égaux, par contre, ils ne se ressemblent point : de même qu'il n'y a pas deux gouttes d'eau qui possèdent exactement les mêmes éléments, de même les individus diffèrent au moral comme au physique, et chacun d'eux a sa propre personnalité, sa force, son intelligence, ses aptitudes, ses goûts, ses défauts et ses qualités ; une autre inégalité vient encore les différencier, celle des sexes ; une dernière enfin, celle de l'âge, suivant qu'ils sont enfants, adolescents, adultes ou vieillards.

Une quatrième loi les régit également tous, *la loi du travail*. Si la nature, en leur donnant des besoins, puisqu'il faut manger pour vivre, leur a donné également les moyens de les satisfaire en mettant à leur disposition toutes les productions de la terre, encore faut-il qu'ils se donnent la peine d'aller les chercher et les récolter eux-mêmes : les arbres portent bien des fruits, mais l'homme doit les ramasser ou les cueillir.

Cette obligation s'appelle *la loi du travail*, et l'on peut dire qu'elle est *la grande loi de la vie*, puisqu'elle s'impose à tout ce qui existe et régit les trois règnes de la nature : les minéraux cristallisent ; les plantes puisent dans le sol leur nourriture et recherchent le soleil ; les animaux, comme les humains, courent après leur pâture. La vie étant caractérisée par le mouvement, le mouvement à son tour étant le résultat d'un effort, d'un travail, et tout mouvement entraînant nécessairement avec lui une transformation, il s'ensuit naturellement que *la loi de la vie c'est la transformation par le travail ;* comme toutes ces transformations sont intelligentes, puisqu'elles ont toutes une raison d'être, une cause et une fin déterminées, on leur a donné le nom général d'*évolution* et de *progrès* : si la loi de la vie est une perpétuelle transformation par le moyen du travail, *sa raison d'être, par conséquent, est l'évolution, le progrès.*

(les droits et devoirs des individus)

Connaissant les grandes lois qui régissent l'humanité : *lois des besoins, d'égalité générale, d'inégalité individuelle et du travail,* il nous est facile, à présent, de déterminer les droits et devoirs des différents individus composant toute société.

Ces individus doivent avoir nécessairement des droits et des devoirs réciproques, puisqu'ils entendent vivre en société : s'ils agissent ainsi, c'est évidemment parce qu'ils trouvent ce genre de vie plus agréable que la solitude ; ils doivent donc se tolérer mutuellement et se faire certaines concessions.

En vertu de la loi d'égalité générale, le premier de leurs droits sera celui de *liberté :*

chacun sera libre d'agir comme bon lui semblera, à la condition de ne pas porter atteinte à la liberté ni aux droits des autres, bien entendu.

En revanche, chacun sera soumis à *l'obligation du travail*, et par suite à *l'obligation de la fraternité*, puisque la vie en société a pour objet de faire profiter personnellement chaque individu du travail de tous les autres.

Etablir maintenant les fondements d'une organisation sociale sera chose aisée, si nous connaissons les lois générales qui régissent les individus, ainsi que leurs droits et devoirs.

La loi sociale, ai-je dit, est triple et une : triple, parce qu'elle doit envisager l'enfant, l'adulte et le vieillard ; une, parce qu'en raison du devoir de fraternité sociale elle se trouve réduite à la réglementation pure et simple de la loi du travail, laquelle doit permettre à la société de subvenir aux besoins de tous.

Le fondement de toute société se trouve donc résider uniquement dans l'organisation du travail social.

Voilà, Citoyens, où nous ont conduit les simples constatations de tout à l'heure, sans avoir eu besoin de recourir aux dogmes d'aucune religion.

Examinons donc la loi sociale sous sa forme triple et une, dans ses diverses modalités.

⁂

Commençons par l'enfant.

D'abord, l'enfant a *droit à la vie,* parce qu'il n'est pas venu au monde tout seul. Du moment qu'il a été conçu par un père et une mère, ceux-ci ont le devoir de s'occuper de lui et d'assumer la responsabilité de l'élever, puisque la nature nous fait tous entrer dans ce bas monde faibles, sans défense et dans l'impossibilité absolue de subvenir nous-mêmes à nos propres besoins.

Ceux qui ne veulent pas d'enfants n'ont qu'à ne pas s'unir.

Vous me direz peut-être: « Il y a des couples qui s'unissent tout de même et s'arrangent pour n'en pas avoir ! » C'est possible, mais je ne m'occuperai pas de ceux-là, pour la bonne raison qu'en agissant comme ils le font ils violent les lois de la nature : si j'étudie les principes organisateurs du monde, leurs causes et leurs effets, je n'ai pas à m'occuper des moyens que l'on peut inventer pour leur faire obstacle ou les annihiler.

Le droit à la vie de l'enfant est un des fondements de toute société : d'ailleurs, l'humanité est unanime à le reconnaître, et si l'on rencontre, par hasard, quelques pères et mères de famille dénaturés qui martyrisent et font souffrir de pauvres petits, d'une manière générale tous les marmots et bambins sont bercés avec amour et choyés par les auteurs de leurs jours, qui font même, souvent, leurs quatre volontés !

Le droit à la vie oblige l'enfant, de son côté, à certains devoirs : il doit étudier, obéir à ses parents et être reconnaissant de ce qu'ils font pour lui. L'étude est obligatoire, parce que, sans elle, l'adolescent devenu grand se trouverait dans un état d'infériorité absolue vis-à-vis des autres membres de la société ; l'obéissance l'est également, parce que la jeunesse est inexpérimentée, et livrée à elle-même peut faire des bêtises; la reconnaissance ne l'est pas moins, parce que c'est à ses ascendants et aux sacrifices de toutes sortes qu'ils se sont imposés quelquefois, que l'enfant devenu grand doit de savoir quelque chose et d'être quelqu'un, lorsqu'il peut voler de ses propres ailes et se passer d'eux ; à son tour plus tard il devra prendre soin de ses parents devenus vieux et leur donner le nécessaire.

Le droit à la vie de l'enfant oblige encore la société, car c'est elle qui a le devoir de s'occuper de lui si, par malheur, ses parents viennent à lui manquer, ou ne sont pas capables de lui fournir ce dont il a besoin.

***

Après l'enfant, nous nous occuperons du vieillard.

Le droit à la vie du vieillard est également un des fondements de la société.

Suivant la loi naturelle, nous n'avons point de force en entrant en ce monde; la force, nous l'acquérons avec la croissance ; mais elle nous abandonne avec les années : si l'enfance est faible, la vieillesse est débile ; ce qui n'empèche pas l'inexorable loi des besoins, depuis notre premier soupir jusqu'au dernier, de nous poursuivre tous, car, que l'on soit jeune, que l'on soit vieux, il faut toujours manger pour vivre !

Etant donné que les parents doivent s'occuper d'élever les enfants et les nourrir, et à défaut des parents la société, c'est aux enfants qu'incombe le soin de s'occuper des aînés, et à défaut des enfants la société, s'il arrivait, par malheur, à ceux-ci de tomber dans la misère au moment où, courbés par l'âge, il ne leur serait plus possible de travailler.

Généralement, pendant sa vie d'adulte, l'homme pense sans cesse à cet instant fatidique où la force va l'abandonner et où il se trouvera condamné, s'il n'a pas su mettre quelque argent de côté pour assurer ses vieux jours, ou bien d'être à charge à ses enfants, s'il en a, ou bien d'implorer la charité publique, ou encore de mourir de faim, s'il est trop fier pour tendre la main. Il y pense, mais son désir n'est pas toujours facile à contenter, car, souvent, le travailleur ne peut pas faire d'économies : quand il n'est pas sérieux, d'abord, il n'en fait jamais, le plus clair de sa paye passant chez le marchand de vins où il contracte de funestes habitudes et laisse sa santé ; quand il est rangé, c'est alors le chômage, un marmot de plus, la maladie, ou encore une mauvaise affaire qui font s'envoler le petit pécule, pourtant soigneusement et avec tant de peine amassé; s'il a des enfants, parfois ces derniers sont des ingrats et ne veulent rien faire, comme on dit, pour le vieux ; s'il n'en a pas, c'est encore pis ; de toutes façons, c'est la misère !

Aussi, le droit à la vie du vieillard donne-t-il un devoir impérieux à la société : celui de s'organiser pour que tous les travailleurs puissent avoir une retraite honorable quand ils ne peuvent plus travailler. Et j'entends par une retraite honorable, non pas l'aumône d'un mauvais morceau de pain, subordonnée à la promiscuité d'une vie en commun dans des asiles tenus par d'insolents gardes-chiourmes, mais une retraite digne d'un travailleur, une retraite pouvant lui permettre de vivre décemment, proprement, et de sortir dans la rue autrement que vêtu de l'uniforme crasseux porté par tous les malheureux qui relèvent de l'Assistance publique et forment le bataillon misérable des loqueteux !

Le droit à la retraite est encore un des fondements de toute organisation sociale : ce droit découle de l'obligation même du travail.

***

Bien entendu, le droit à la vie de l'enfant et du vieillard s'étend également à l'infirme et aux nécessiteux: à la société incombe, par conséquent, le double devoir d'hospitaliser le premier, et de fournir du travail au second. Notre société moderne ne remplit que le premier de ces devoirs : elle ne reconnaît pas *le droit au travail!* Ce droit, pourtant, est une conséquence logique et irréfutable de l'obligation du travail, loi naturelle dont je vais vous entretenir maintenant.

(la loi du travail)

La loi du travail est la grande loi des adultes, elle est le pivot de la société.

L'assistance, en effet, ne peut être donnée aux enfants, aux infirmes et aux vieillards, par la société, qu'à la condition que cette dernière en ait les moyens : ces moyens lui seront fournis par le travail national, dont la réglementation devra être organisée de manière à lui permettre de satisfaire aux exigences de tous les éléments sociaux.

L'obligation du travail, ai-je dit, doit garantir à l'adulte, en vertu de la loi d'égalité générale, les quatre droits suivants : *la liberté du travail, le droit à une retraite, le droit aux bénéfices.* Examinons ces quatre droits, successivement, et commençons par celui de *la liberté du travail.*

(*La liberté du travail*)

Si chacun doit travailler, chacun ne peut le faire, évidemment, que suivant sa force et ses capacités, en vertu de la loi d'inégalité individuelle : la société se trouve donc inévitablement obligée de tenir compte de la différence de conformation et de vigueur des différents adultes qui la composent, et laisser à ces derniers le choix du genre de métier, de profession ou d'occupation qui sera plus en rapport avec leur organisation physique, leurs aptitudes et leurs goûts.

Elle répartira donc le travail entre les deux sortes d'adultes qui la composent, c'est-à-dire l'homme et la femme, et déterminera quels sont les genres d'emploi qui conviendront le mieux à chacun d'eux : les uns seront exclusivement réservés aux hommes, comme les gros travaux. pénibles et fatigants, ainsi que ceux qui demandent une certaine dépense musculaire ou d'énergie ; les autres seront exclusivement réservés aux femmes, à commencer par ceux qui se rapportent aux conséquences de la maternité, comme les soins à donner aux enfants, etc...; d'autres, enfin, pourront être mixtes et convenir aux deux.

Naturellement, dans chaque catégorie, l'homme et la femme pourront choisir le genre de travail de leur goût.

Vous me direz, peut-être, que la société, en créant ainsi de pareilles divisions, porte atteinte au principe de liberté, et, si chacun est libre de choisir le genre de travail qui lui plaît, les femmes, par conséquent, doivent pouvoir exercer les métiers des hommes, si telle est leur volonté.

Eh bien, je prétends que non. De par la nature, la femme est spécialement destinée à concevoir des enfants, à les nourrir et les élever; elle bénéficie d'une conformation physique appropriée au rôle qu'elle doit remplir dans l'humanité, et, si elle est aussi intelligente que l'homme et son égale absolue au point de vue des droits et devoirs sociaux, par contre, sa nature physique la met, vis-à-vis de l'homme, dans un état d'infériorité évident relativement à l'exécution de certains travaux; il y a des métiers, des ouvrages qui la fatiguent beaucoup, et peuvent même, à la longue, apporter des troubles sérieux, des perturbations profondes, dans son organisme: la société a donc le devoir absolu, sans violer aucunement le principe de liberté, en conformité, au contraire, avec les lois naturelles, de lui interdire tout genre de travail susceptible de porter atteinte à sa santé, ou d'entraver l'exercice de son devoir maternel.

Il arrive souvent, en effet, que de pauvres femmes, obligées de gagner leur vie, se livrent à un travail exténuant, généralement accompli par des hommes, pour pouvoir gagner davantage ; les malheureuses succombent à la peine! Cela doit être défendu. Il importe également de ne pas laisser des capitalistes exploiter honteusement la faiblesse et la misère humaines, et les empêcher de faire exécuter par des femmes des travaux qui devraient l'être par des hommes, parce qu'ils paient ces dernières moins cher !

Cestes, on ne peut pas empêcher une femme, exceptionnellement, de faire l'ouvrage d'un homme, si elle est assez robuste et capable pour cela ; mais, dans ce cas, le capitaliste ne doit pas avoir le droit de lui réduire son salaire et doit lui payer le même prix qu'il serait obligé de donner à un homme s'il l'occupait, suivant cet axiome fondamental de la rémunération du labeur : « A travail égal, salaire égal. »

D'une manière générale, il est préférable que l'homme et la femme ne sortent pas de leurs attributions sociales naturelles respectives : « A chacun son métier », dit le proverbe ; l'ordre et l'harmonie de la société n'ont qu'à y gagner.

(*Le droit au travail*)

Après la liberté du travail vient *le droit au travail.*

Ce droit découle de l'obligation même du travail : il est absolu.

Du moment que la société oblige tous les adultes à travailler, il est bien évident que, si l'un d'eux vient, par hasard, à manquer de travail, elle doit lui en fournir. Si elle ne lui en procure pas, elle n'est plus conséquente avec elle-même et viole ouvertement le principe d'égalité générale et les lois de la nature.

Dans nos sociétés modernes, l'obligation du travail et, par suite, le droit au travail ne sont pas reconnus : l'adulte qui ne travaille pas, cependant, doit manger tout de même ; lui aussi a droit à la vie ! Comment subsistera-t-il, s'il ne gagne rien? La société l'autorise-t-elle à voler? Non! s'il vole, elle l'emprisonne et le déclare malfaiteur! L'autorisera-t-elle à mendier? Non! quand il mendie, elle l'emprisonne encore, comme vagabond. Alors, faut-il qu'il meure de faim? Hélas! cela arrive parfois, pour ne pas dire souvent, à la honte de nos temps modernes! De sorte qu'un malheureux qui ne trouve pas de travail est placé dans cette alternative effroyable : ou bien périr de misère, ou bien de perdre sa dignité, ou son honneur, en mendiant ou en volant ! Comment s'étonner, après cela, qu'il y ait des désespérés qui maudissent la vie, l'humanité, tous ceux qui possèdent, et d'autres qui, las de lutter dans ce bas monde, recourent au suicide pour l'abandonner ?

Le devoir d'une société, rationnellement constituée, est donc : d'une part, d'obliger tous ses membres à travailler, et, d'autre part, de leur fournir du travail quand ils n'en ont point, c'est-à-dire des moyens honorables et dignes d'eux de gagner de quoi se nourrir.

D'ailleurs, la République éphémère de 1848, grâce aux efforts des socialistes, a déjà consacré le principe du droit au travail.

Son célèbre décret du 25 février est ainsi conçu : *Le gouvernement provisoire de la République française s'engage à garantir l'existence de l'ouvrier par le travail.*

Il s'engage à garantir du travail à tous les citoyens.

Ce gouvernement, en effet, fonda des *ateliers nationaux*, qui occupèrent bientôt, tant la misère était grande alors, plus de cent mille ouvriers !

Mais le parti réactionnaire prit peur de

l'organisation de cette force nouvelle qui permettait aux travailleurs d'être indépendants, et demanda à l'Assemblée Nationale la dissolution immédiate de ces ateliers ; le peuple se révolta, et la fameuse insurrection de juin 1848 éclata : elle se termina, naturellement, par l'écrasement définitif et total de toutes les forces ouvrières !

Après l'anéantissement du parti socialiste, les réactionnaires remplacèrent le droit au travail par *le droit à l'assistance !*

Le droit à l'assistance, malheureusement, c'est le droit à l'aumône, et qui dit aumône dit déchéance de celui qui la reçoit : le droit à l'aumône est donc le droit de perdre sa dignité ! C'est la plus manifeste violation de la loi d'égalité, et son usage est véritablement monstrueux et révoltant, puisqu'il oblige à déchoir des citoyens libres qui, lorsqu'ils réclament du travail, entendent se conformer à l'obligation de la loi naturelle, et non pas implorer la charité !

Le droit au travail comporte encore une rémunération convenable, et non point des salaires de famine. Souvent, en effet, on entend dire : « Les gens qui veulent véritablement du travail en trouvent toujours, et les nécessiteux sont pour la plupart des fainéants qui n'acceptent jamais la besogne qu'on leur offre. » Cela n'est pas toujours exact, parce que la société, au lieu d'aider à se relever les malheureux tombés dans la misère, les exploite, au contraire, le plus souvent : elle donne des prix dérisoires à ceux qui sont dans le besoin, et les paie toujours moins cher que les autres travailleurs ! On comprend sans difficulté, dans ces conditions, qu'un pauvre diable hésite de peiner tout une journée pour gagner quelques sous, ou le droit de manger une méchante soupe ! Payez-le comme tout le monde, et vous verrez s'il ne travaille pas !

Le droit au travail, dans toute société, est un droit imprescriptible et sacré.

(*Le droit à la re raite*)

Parlons maintenant du *droit à la retraite.*

Ce droit est également une conséquence directe et logique de l'obligation naturelle du travail.

J'ai dit, en effet, que le devoir de la société était de s'occuper de l'enfant et du vieillard: mais, comme l'adulte est appelé fatalement à devenir un vieillard, c'est aussi la moindre des choses qu'il s'ocupe de lui-même et pense à l'avenir pendant qu'il se trouve dans la force de l'âge ; il devra donc faire des économies pour ses vieux jours ; toutefois, nous savons que cela n'est pas toujours facile, et que le travailleur devenu vieux est souvent, pour une foule de raisons, absolument sans ressources.

S'il ne lui est pas possible de mettre de l'argent de côté pour assurer sa vieillesse, il faut, par conséquent, que la société y pourvoie pour lui, et l'organisation du travail social doit être telle qu'il puisse, à un certain âge, avoir de quoi subsister.

Ce principe est, du reste, reconnu dans notre société moderne : l'Etat fait des rentes à ses fonctionnaires, et certaines grandes administrations à leurs employés. Je vous ai dit, à ce sujet, dans ma première conférence, que ce traitement de faveur, accordé à tous ces privilégiés, constituait une monstrueuse injustice sociale, en établissant des distinctions entre les citoyens et en violant la loi d'égalité. Du moment que le principe est admis pour les uns, il faut qu'il le soit également pour les autres, et appliqué indistinctement à tous.

Cela est tellement évident que je crois inutile d'insister.

Nous allons voir, à propos du *droit aux bénéfices,* dont je vais parler à présent, comment des caisses de retraite corporatives pourraient être fondées, afin d'assurer le bien-être de tous les vieillards.

(*Le droit aux bénéfices*)

Le droit aux bénéfices est encore un droit absolu.

Il importe soigneusement, par exemple, de ne pas le confondre avec *le droit au salaire.*

La plupart des économistes, effectivement, et l'universalité des capitalistes font une distinction profonde entre le capital et le travail. Comme sans argent on ne peut rien entreprendre, ils en coucluent hardiment que le capital est tout, et que le travail, par suite, doit lui être subordonné ; et, pour assurer les risques de la perte éventuelle de ce capital, ils adjugent à celui-ci l'intégralité des bénéfices réalisés dans toutes les affaires, pour n'accorder au travail que *le droit au salaire,* c'est-à-dire une simple rétribution du temps passé et de l'effort accompli pour l'obtention, la confection ou la fabrication des différents produits, articles ou objets de consommation.

Cette distinction subtile a pour effet immédiat de mettre le prolétariat tout entier à la merci du capitalisme, sans qu'il puisse jamais échapper à cette domination, parce que le travailleur, n'ayant que son salaire, gagne juste de quoi vivre et se trouve dans l'impossibilité d'acquérir de la fortune, tandis que le capitaliste peut facilement s'enrichir.

Cette distinction est radicalement fausse, cependant, et n'a pas le sens commun : c'est un habile artifice, destiné à égarer les esprits, imaginé par les riches pour pouvoir profiter de l'ignorance et de la crédulité humaines, dominer le peuple et vivre à ses dépens.

Cette distinction ne résiste pas à l'examen. « Sans capital, on ne peut rien entreprendre dans le monde ! » dit le capitaliste. Fort bien ! Mais le prolétaire peut lui rétorquer à son tour : « Sans travail non plus, on ne peut rien entreprendre ! » Et le capitaliste n'a rien à lui répondre.

Le capital n'est qu'un facteur de production, pas davantage, et le travail en est un autre. Ces deux facteurs se trouvent, de plus, indissolublement liés, puisqu'aucune manifestation de l'activité humaine, aucune production, ne peut être obtenue sans leur mutuel concours ; alors, de quel droit peut-on se permettre de subordonner l'un à l'autre ?

Si leur union est absolument obligatoire, si l'un ne peut pas se passer de l'autre, et réciproquement, ils sont donc égaux, quoique différents ! S'ils sont égaux, ils doivent jouir, par conséquent, des mêmes droits, et les plus savantes théories des économistes viennent se briser devant ce raisonnement-là.

Le salariat, par suite, est une forme d'asservissement qui doit disparaître.

Comme l'a si bien dit le phalanstérien Victor Considérant, « la première évolution émancipatrice de l'histoire a aboli l'esclavage et transformé les esclaves en serfs... la seconde évolution a aboli le servage et transformé les serfs en salariés... la troisième et dernière évolution consiste dans l'abolition du prolétariat et la transformation des salariés en associés : tel est le problème social, le problème de ce temps-ci ».

Malheureusement, les socialistes et certains humanitaires se sont trompé en s'imaginant qu'ils solutionneraient ce problème par l'abolition de la propriété. Leur erreur a été complète, parce qu'on ne peut rien supprimer de ce qui existe dans la nature : « Tout se transforme, mais rien ne se perd. » Prétendre abolir la propriété est donc une absurdité, puisque l'argent, la richesse existent. Du reste, les communistes et collectivistes, ne pouvant pas supprimer les éléments de la fortune, ont-ils été obligés d'admettre le principe de la propriété collective, c'est-à-dire de reconnaître quand même le droit de propriété; et, par le fait, ils en arrivent, sans le vouloir, à reconnaître également le principe de la propriété individuelle, parce qu'on peut très bien considérer chaque collectivité, ou communauté, prise séparément, comme un véritable individu : dans le concert des nations, que devient alors le principe de la propriété ? Cette dernière pourra-t-elle être collective ? Je me demande comment. Ou bien restera-t-elle individuelle ?... Leur théorie est absurde.

Pour solutionner le problème social, il suffit simplement d'observer la nature et de se conformer à ses lois. Nous savons que rien ne se perd, mais que tout se transforme ; ne cherchons donc pas à supprimer ni démolir quoi que ce soit, nous serions dans l'erreur; essayons plutôt de transformer, et nous raisonnerons juste; la fortune se trouve appartenir, actuellement, à quelques-uns qui tirent de sa possession la toute-puissance et tiennent en servitude leurs frères moins bien partagés : Eh bien ! arrangeons-nous pour rendre la fortune accessible à tous, et tous pourront alors bénéficier des droits et avantages qu'elle confère aux heureux à qui elle sourit !

Il n'est donc point besoin pour réorganiser la société, de la bouleverser de fond en comble, en essayant d'obliger par la force, ou autres moyens violents, les capitalistes à se dessaisir de leurs biens — et pratiquement on ne pourrait jamais y arriver, étant donnée la puissance formidable des moyens de défense dont ils disposent — il suffit simplement d'organiser le travail social de telle façon qu'une juste et égale rémunération soit accordée aux différents facteurs de la production ; et, pour cela, la lutte des classes, l'action directe, la grève générale et l'insurrection sont inutiles, car cette organisation peut se faire pacifiquement, légalement, dans l'ordre, sans violence, sans répandre de sang : mais, *le droit aux bénéfices* doit être la pierre angulaire de cette organisation.

(les trois facteurs de production : l'intellectualité la main-d'œuvre, le capital)

Voyons, maintenant, comment une juste et égale rémunération pourrait être accordée aux différents facteurs de production.

Ces facteurs, ai-je dit, sont, d'une part le capital, et d'autre part le travail : en réalité, ils sont au nombre de trois, parce que le travail comprend à lui seul deux sortes de travailleurs, tout à fait différents, mais concourant également, cependant, à toute production : ce sont les ouvriers de la main-d'œuvre et les intellectuels.

En général, on s'occupe peu des intellectuels. C'est pourtant la classe qui embrasse tous ceux qui préparent le travail et le dirigent, qui, inventeurs, poètes, artistes, savants, écrivains, etc..., font les découvertes et les inventions, charment, amusent, instruisent, par leurs talents et les ressources de leur esprit.

Les intellectuels sont, en quelque sorte, les parias de notre société moderne, car, s'il y en a quelques-uns qui réussissent, et, quand ils ont acquis de la fortune, sont comblés d'honneurs et de décorations, la plupart végètent misérablement et sont odieusement exploités par les capitalistes : les employés de banque n'ont pas le droit de se syndiquer ; ce sont de véritables esclaves ; s'ils se plaignent de leur sort ou demandent une augmentation, on les met à la porte ; les directeurs d'usines, les chefs de chantiers, les fondés de pouvoirs des grandes entreprises sont obligés de se plier à toutes les fantaisies de leurs conseils d'administration, sous peine de perdre immédiatement leur place ; les artistes, les auteurs, les scientifiques, les chercheurs sont forcés, pour ne pas mourir de faim, de vendre à des prix dérisoires leurs livres, leurs trouvailles, leurs ouvrages, à des éditeurs, des constructeurs, des marchands, qui s'enrichissent à leurs dépens ; quant aux écrivains, ils sont forcés de s'éditer eux-mêmes s'ils ont le malheur d'émettre dans leurs écrits des idées nouvelles ou de s'aviser de critiquer les exploiteurs de la société ; autrement, ils sont à la solde des capitalistes et ne s'appartiennent plus : un journaliste ou le rédacteur d'une revue, par exemple, n'a pas le droit d'émettre une opinion personnelle, mais doit, sous peine d'exclusion, penser uniquement comme les lecteurs de sa revue ou de son journal, et dans ses articles, ne jamais froisser leur susceptibilité. L'intellectuel — quand il n'a pas de quoi vivre — ne peut pas être indépendant ; la liberté de conscience, ou d'opinions politiques, même, ne lui est pas accordée, car il arrive souvent que des patrons l'obligent, avant de l'occuper, à faire une profession de foi, ou prendre certains engagements ; il est moins avantagé, sous ce rapport, que l'ouvrier, qui peut se faire embaucher n'importe où sans qu'on lui demande jamais d'indiquer la couleur de son parti ; il est beaucoup plus malheureux que lui au point de vue pécuniaire, car, non seulement ses appointements sont souvent fort modestes, mais il est astreint, en outre, à une certaine tenue dont l'ouvrier peut se dispenser.

Il est en somme assez mal partagé, et c'est pourtant lui qui, par son intelligence, son savoir et son habileté, occupe une place prépondérante dans la société, puisqu'il en est la tête, si l'ouvrier en est le bras !

Les facteurs de toute production sont donc : *l'intellectualité, la main-d'œuvre et le capital;* et il se trouve que, parmi les trois, il y en a deux, l'intellectualité et la main-d'œuvre, qui sont actifs et intelligents, tandis que le troisième, le capital, est inerte et stupide. Or, dans notre société moderne, quand il s'agit d'une répartition de bénéfices quelconques, ce sont précisément les deux premiers qui ne touchent rien et le troisième qui prend tout ! Avouez que c'est un peu excessif tout de même !

Pour arriver à une juste rémunération des

trois, nous allons procéder, comme je l'ai dit, par transformation et non point par suppression, et, au lieu de dépouiller brutalement *le capital* des droits qu'il s'est arrogés, nous allons les lui conserver intégralement, au contraire — par conséquent les capitalistes n'auront rien à dire — mais, en vertu de la loi d'égalité générale, nous allons en faire bénéficier également *l'intellectualité* et *la main-d'œuvre*, et ce sera de toute justice, puisqu'ils sont associés.

(l'égalité des droits des trois facteurs de production)

D'une manière générale, tout capital engagé dans une affaire a droit : 1° à un *intérêt fixe ;* 2° à un *amortissement ;* 3° à une *participation dans les bénéfices ;* 4° *d'être représenté dans le conseil d'administration.*

Voyons donc comment il nous sera possible de faire bénéficier l'intellectualité et la main-d'œuvre de ces divers droits.

(Intérêt)

L'intérêt fixe attribué au capital peut être considéré comme le salaire de ce capital, salaire en rapport avec le concours effectif qu'il apporte dans la marche de l'affaire, car il ne faut pas oublier que ce facteur est, par nature, inerte et stupide, et qu'il ne rend de services qu'autant que le facteur de l'intellectualité sait bien s'en servir et l'utiliser.

Les salaires, d'après ce rapport, seront par conséquent payés suivant la participation effective de chaque facteur de production dans le travail : un directeur de fabrique touchera des appointements supérieurs à ceux d'un contremaître, celui-ci sera mieux rétribué qu'un compagnon, et ce dernier mieux qu'un apprenti. La main-d'œuvre, elle-même, sera payée suivant les capacités de chacun: la théorie de Karl Marx, en effet, sur l'égalité des salaires constitue, selon moi, une véritable violation de la loi de justice : étant donné que, suivant la loi d'inégalité individuelle, la force, les aptitudes et les facultés de chacun sont différentes; étant donné, d'autre part, que tous les genres de travaux ne se ressemblent pas et sont plus ou moins faciles ou difficiles à exécuter, il est véritablement absurde de prétendre que tous les travailleurs doivent toucher un salaire identique, et qu'un mauvais ouvrier, par exemple, doit être payé le même prix qu'un bon !

(*Amortissement*)

Tout capital, ensuite, a droit à un *amortissement.*

Le capital estime, effectivement, que l'argent qu'il a mis dans une exploitation doit, non seulement lui rapporter un intérêt fixe, une participation dans les bénéfices, et une place dans le conseil d'administration, mais encore qu'en fin de société cet argent doit lui être intégralement remboursé ; et, pendant toute la durée de l'affaire, il prend soin de constituer des fonds de réserve, des fonds d'amortissement destinés à cet effet. De sorte qu'en fin d'exploitation, au bout de 20 ou 30 ans peut-être, il se trouve dans cette situation plutôt privilégiée de rentrer dans tout son apport social, qu'il lui est loisible d'employer immédiatement dans une nouvelle affaire, tandis que ses deux associés, l'intellectualité et la maind'œuvre, se trouveront sur le pavé, vieillis, usés, et dans l'impossibilité, par conséquent, de se placer ailleurs ; ceux-ci auront travaillé toute leur vie pour le capitaliste qu'ils auront enrichi, et eux-mêmes, à ce moment, crèveront de faim et de misère.

Eh bien ! sans toucher aucunement aux droits du capital, cette monstrueuse inégalité peut parfaitement disparaître, et puisque le principe de l'amortissement se trouve admis, il suffit, pour cela, d'en faire bénéficier également la main-d'œuvre et l'intellectualité : *l'amortissement du travailleur sera la reconnaissance du droit du vieillard à une retraite;* et, puisque dans chaque entreprise des caisses de réserve sont constituées pour amortir le capital, des fonds devront être versés à des caisses de réserve pour l'avenir, destinées à servir des pensions aux travailleurs arrivés à un certain âge, destinées en un mot à les amortir.

Je parlerai de la manière dont on pourrait organiser ces caisses de retraite dans ma sixième conférence.

(*Droit aux bénéfices*)

Quant au *droit aux bénéfices,* je viens de vous le dire, il est absolu : du moment que les trois facteurs de production concourent également à l'obtention d'un bénéfice quelconque, et ils y concourent également puisqu'ils ne peuvent se passer les uns des autres, le bénéfice obtenu doit être partagé entre les trois associés.

(Place dans le Conseil d'administration)

J'arrive, enfin, au droit des capitalistes *de faire partie des conseils d'administration.*

Ce droit est souverain, puisqu'il réserve, exclusivement à celui qui possède, la direction de la marche d'une affaire et son administration.

En outre, la composition de ces conseils et les différents avantages accordés aux administrateurs en général sont intéressants à considérer, parce qu'ils justifient, en quelque sorte, différents droits sociaux que je viens d'énumérer et donnent raison, par suite, à la thèse que je soutiens.

En effet, dans la composition des conseils d'administration, les droits de l'intellectualité sont déjà reconnus : les directeurs techniques et commerciaux, les ingénieurs en chef, etc., en font toujours partie ; ils sont en minorité, c'est vrai, et dépendent de la majorité capitaliste, mais enfin leur valeur est incontestablement reconnue, et voilà déjà un fait acquis : sur les trois facteurs de production, s'il y en a déjà deux d'admis, il n'y a plus qu'à faire admettre le troisième, la main-d'œuvre, et la justice sera rétablie.

Les avantages que s'octroient les membres

des conseils d'administration, en général, viennent encore étayer mes raisonnements. Les administrateurs s'allouent, effectivement, des jetons de présence, des indemnités et des participations dans les bénéfices, grevant ainsi, considérablement parfois, le budget des sociétés : le principe de la participation aux bénéfices du capital et de l'intellectualité se trouve donc, par le fait, également admis ! Il n'y a donc plus qu'à l'étendre, encore une fois, à la main-d'œuvre, pour rétablir l'équilibre des trois.

Le jour où l'égalité des droits de l'intellectualité, de la main-d'œuvre et du capital, sera proclamée, la libre association de tous les travailleurs se trouvera, par le fait, accomplie, et le salariat, et par suite le prolétariat, auront disparu !

(résumé)

Voilà, citoyens, ce que j'avais à vous dire sur la partie théorique de l'exposé de mon programme.

En résumé. toute la loi sociale doit envisager *l'enfant, l'adulte et le vieillard,* et se trouver contenue dans *la loi du travail ;* l'obligation du travail comporte, à son tour, la reconnaissance des quatre droits suivants : *liberté du travail, droit au travail, droit à une retraite, droit aux bénéfices* ; l'organisation du travail, enfin, doit tenir compte de *l'égalité des droits des trois facteurs de toute production associés : capital, main-d'œuvre, intellectualité.*

Ces bases sont celles d'une organisation rationnelle de la Société.

Mercredi prochain, 25 mars, car mes deux dernières conférences doivent être faites avant l'ouverture de la période électorale, je vous soumettrai, établis sur ces bases, LES ARTICLES D'UNE NOUVELLE CONSTITUTION RÉPUBLICAINE.

LES ARTICLES
d'une Nouvelle Constitution Républicaine

Cinquième conférence
Faite au Rocher Suisse, le 25 mars 1914

CITOYENNES, CITOYENS,

Dans ma précédence conférence, je vous ai soumis les bases d'une organisation rationnelle de la société ; après la théorie, je vais passer à la pratique, et vous exposer aujourd'hui LES ARTICLES D'UNE NOUVELLE CONSTITUTION RÉPUBLICAINE.

Pour ne pas être trop long, j'ai réduit ces articles au nombre de sept ; je vais les énumérer successivement, en les faisant suivre d'un léger commentaire.

(Droits des citoyennes et citoyens)

— L'ARTICLE PREMIER détermine, d'une façon générale, les droits des citoyennes et citoyens :

1° **Liberté absolue,** *à la condition de ne pas troubler l'ordre public, ni porter atteinte au droit des autres ;*

2° **Egalité absolue,** *mêmes droits, mêmes devoirs, mêmes avantages pour tous. Point de privilèges, point de monopoles.*

Ces droits, comme vous voyez, sont ceux de liberté et d'égalité. Le droit de liberté, toutefois, accordé indistinctement à tous les membres de la société, est subordonné à cette condition restrictive que personne ne viendra troubler l'ordre public, ni porter atteinte aux droits des autres. Il y a des gens, en effet, qui s'imaginent que le droit de liberté leur donne l'autorisation de faire tout ce qui leur plaît, même de se mettre en dehors des lois et de chercher à imposer aux autres leur manière de voir ainsi que leurs propres croyances. La liberté est d'ordre strictement personnel : chacun peut penser et agir comme il lui convient, mais ne doit pas gêner ses semblables ni troubler l'ordre social, en aucune façon, puisque cet ordre, dans un pays civilisé, est précisément l'expression de la volonté nationale.

Si quelqu'un trouve la société mal organisée, il n'a qu'à réclamer et proposer un moyen pour remédier à ce qu'il trouve chez elle de défectueux. Encore faut-il que son moyen, pour pouvoir être admis, soit approuvé par tous.

La liberté se trouve donc naturellement

subordonnée à l'obéissance aux lois : ceux qui ne veulent pas se soumettre aux conventions sociales n'ont qu'à sortir de la société et aller vivre ailleurs !

⁂

L'Egalité est aussi un droit général ; suivant les lois de la nature, tous les humains naissent, vivent et meurent de la même façon : il est juste, par conséquent, qu'ils aient tous, pendant leur passage sur la terre, les mêmes devoirs, les mêmes avantages, les mêmes droits ; et comme, en raison de la loi d'inégalité individuelle, ils ne se ressemblent pas et ont tous une force, un intelligence, des aptitudes, des qualités, des défauts particuliers, la loi sociale, ne pouvant pas faire état de toutes ces différences, qui sont également l'œuvre de la nature, mais d'ordre secondaire puisqu'elles viennent modifier simplement la grande loi d'égalité qui régit l'humanité, la loi sociale, dis-je, accorde à tous ses membres, après le droit de liberté, celui d'égalité.

Le droit d'égalité implique nécessairement l'impossibilité de l'existence de privilèges et de monopoles quels qu'ils soient, autrement il n'aurait plus de raison d'être, et ne serait plus qu'illusoire comme celui dont nous jouissons actuellement !

(Devoirs des citoyennes et citoyens)

L'ARTICLE 2 établit, à son tour, les devoirs des citoyennes et citoyens :

1° Fraternité obligatoire. — *La fraternité est collective et individuelle. La société doit aide et assistance à quiconque se trouve dans le besoin, et chacun doit contribuer au bien-être général et concourir à la prospérité de la nation ;*

2° Travail obligatoire. — *Seules les femmes mariées et les mères de famille en sont dispensées.*

L'obligation du travail implique la reconnaissance des quatre droits suivants : liberté du travail, droit au travail, droit aux bénéfices, droit à une retraite.

L'organisation du travail doit tenir compte, à son tour, de l'égalité des droits des trois facteurs de production associés : capital, main-d'œuvre, intellectualité.

La fraternité devrait être obligatoire. Ce devoir découle de l'obligation du travail : du moment que les gens vivent en société, et que le propre de cette vie en commun a pour résultat de faire profiter chacun du travail des autres — des découvertes des plus intelligents, des travaux, des ouvrages exécutés par les plus forts, comme des inappréciables services rendus par les petits — il s'ensuit que tous sont plus ou moins dépendants et solidaires les uns des autres ; et puisqu'ils sont tous égaux entre eux, et que c'est par suite de la loi d'inégalité individuelle que les uns et les autres, en appliquant leurs aptitudes spéciales naturelles à des genres d'activité divers, arrivent à produire l'harmonie du concert social, il est clair que chacun d'eux doit empêcher cette harmonie de se rompre ; il doit, par suite, aider à se relever ceux qui tombent accidentellement dans le besoin, de manière à rétablir l'équilibre des diverses forces sociales, et satisfaire à la loi d'égalité.

Rendre la fraternité obligatoire est également le meilleur moyen de combattre l'égoïsme et l'indifférence, ces deux fléaux de la société.

« Mais, pourrez-vous m'objecter, si vous rendez la fraternité obligatoire, vous violez les principes de liberté et de justice : pourquoi voulez-vous contraindre un riche, par exemple, à soutenir un pauvre qu'il ne connaît pas? et pourquoi le fort serait-il obligé de secourir le faible ? Prétendez-vous supprimer la loi d'inégalité individuelle ? et allez-vous tomber dans l'erreur des collectivistes et communistes, qui, voulant supprimer l'exploitation des petits par les gros, la remplacent par l'exploitation des gros par les petits ? Au fond, il y a toujours exploitation, d'un côté comme de l'autre ! »

Non ! répondrai-je à cette objection, non ! il n'y a pas exploitation, parce que je ne touche pas au droit de propriété, et que j'entends que la fraternité soit collective avant d'être individuelle : il faut qu'elle soit collective. parce que c'est à la société, qui profite du travail de tous ses membres, qu'incombe le soin de s'occuper de ceux qui sont malheureux ; c'est à la société qu'incombe ce soin et non pas aux individus, car il est inadmissible de subordonner le principe de fraternité au bon ou au mauvais vouloir de chacun, et injuste d'obliger les uns à des devoirs que les autres n'auraient pas ; et, puisque dans la vie sociale les intérêts de tous sont divisés suivant leur nature et produisent ces groupements particuliers d'association, d'union ou d'entente, dans le travail, qu'on appelle les corps de métier ou les corporations, il est naturel que tous les individus qui ont des intérêts communs, comme les travailleurs d'une même corporation, par exemple, s'occupent de l'un des leurs accidentellement tombé dans le besoin, puisque chaque corporation profite du travail de tous ses membres.

La fraternité devrait donc être collective, ou corporative, avant d'être individuelle.

Quant à la fraternité individuelle, elle obligerait chacun à contribuer au bien-être général, et à concourir à la prospérité de la nation; elle obligerait encore chacun à secourir son semblable, au nom de la société, dans tous les cas où celle-ci ne pourrait utilement ou immédiatement intervenir.

⁂

Le travail devrait être également obligatoire. C'est la loi des adultes ; seules les femmes mariées et les mères de famille pourraient en être dispensées : celles-ci comme celles-là ont, en effet, à s'occuper de leurs enfants ainsi que de leur intérieur ; les soins du ménage ou de la maternité sont, d'ailleurs, un genre de travail comme un autre.

L'obligation du travail impliquerait, de son côté, la reconnaissance des droits suivants : liberté du travail, droit au travail, droit aux bénéfices, droit à une retraite ; et l'organisation du travail devrait tenir compte de l'égalité des droits des trois facteurs de production associés : intellectualité, main-d'œuvre et capital.

J'ai traité complètement cette question dans ma précédente conférence, je n'en dirai donc rien aujourd'hui, pour ne pas me répéter, me réservant seulement de vous parler de l'organisation des Corporations nationales dans une prochaine conférence du 1er avril.

En dehors des femmes mariées et des mères

de famille, tous les adultes, indistinctement, seraient obligés de travailler, y compris les capitalistes. S'imaginer, effectivement, qu'un individu, parce qu'il possède des capitaux, se trouve dispensé de la loi du travail, est une profonde erreur, car son argent lui confère simplement, en vertu de la loi d'inégalité individuelle, un avantage sur ses concitoyens moins bien partagés que lui sous le rapport de la fortune, mais non pas un droit ; le capital, d'ailleurs, est le facteur inerte et stupide par excellence des trois facteurs de production et n'a de valeur, je l'ai déjà dit, qu'autant que l'intellectualité sait bien l'utiliser et s'en servir ; un propriétaire pourra, naturellement, profiter de tous les avantages qui seront attribués à son capital, comme aux autres facteurs de production, mais lui-même en tant que citoyen, devra faire partie d'une classe quelconque de travailleurs puisque tous les adultes seront soumis à l'obligation du travail.

Dans notre société moderne, dispense-t-on les jeunes gens riches, par exemple, de faire leur service militaire, sous prétexte qu'ils ont de l'argent ? Evidemment non, puisque c'est une loi générale ; cet avantage pécuniaire n'a rien à voir avec leur qualité civique ; il en est de même de l'obligation du travail.

Du reste, on peut dire, d'une manière générale, que tout le monde travaille dans la vie, même les capitalistes quand ils s'occupent de faire valoir leurs capitaux. Quant à utiliser leurs connaissances et leurs capacités, cela sera toujours fort aisé aux gens fortunés : n'ont-ils pas la facilité de faire des études spéciales qui demandent beaucoup de temps, quelquefois, et sont fort coûteuses ? Ils pourront se livrer à des recherches scientifiques, employer leur intelligence à de nobles entreprises, ou se consacrer à des œuvres humanitaires : ne serait-il pas plus logique de voir l'administration de l'Assistance publique, par exemple, confiée à des gens riches qui travailleraient pour le bien général des malheureux, et répartiraient entre les pauvres les appointements honteux qui sont actuellement alloués à l'état-major de cette institution, après avoir été prélevés sur le budget des miséreux ?

(*Vie nationale*)

L'ARTICLE 3 envisage la vie nationale.

Les enfants de cinq à quinze ans vont à l'école; les adolescents, garçons, de quinze à vingt et un ans, vont en apprentissage ou dans les écoles professionnelles, les filles jusqu'à dix-huit ans au moins.

Les jeunes gens, à l'âge de vingt-et un ans, sont astreints à faire deux ans de service militaire, et les jeunes filles (à partir de l'âge de quinze ans) à suivre des cours dans les hôpitaux, dispensaires, crèches et maternités, de manière à se trouver pourvues, à leur majorité, d'un certificat d'études d'hygiène et de médecine pratiques.

Tous les adultes doivent être inscrits sur les registres d'une (au moins) des CORPORATIONS NATIONALES, *pour établir leurs droits ultérieurs à une retraite leur permettant de vivre honorablement pendant leur vieillesse.*

Pour les enfants, il n'y a rien à dire : l'instruction étant gratuite et obligatoire dans un pays civilisé, ils devraient tous être munis d'un certificat d'études avant d'entrer en apprentissage, ou dans une école professionnelle, où ils resteraient, les garçons jusqu'à vingt et un ans, et les jeunes filles jusqu'à dix-huit ans au moins. Si j'établis cette différence entre les filles et les garçons, c'est que la limite de temps d'apprentissage ne peut pas être la même pour les deux : les travaux exécutés par les femmes sont beaucoup moins difficiles et compliqués, en général, que ceux des hommes, et souvent, au bout de trois ans, une jeune fille peut connaître en partie son métier.

Bien entendu, les apprentis des deux sexes devraient être rémunérés selon les usages professionnels, et suivant leurs capacités.

A vingt et un ans, les jeunes gens seraient astreints à faire deux ans de service militaire.

L'armée étant, malheureusement, une nécessité de nos temps modernes, je suis partisan du service de deux ans, sans m'occuper aucunement des considérations politiques actuelles, ni de ce que raconte le Gouvernement à ce sujet, parce que j'estime qu'il faut un an pour apprendre le métier des armes, et une autre année pour s'y perfectionner. Une troisième année passée sous les drapeaux est absolument inutile, à mon avis, je dirai même qu'elle est nuisible à tous égards, d'abord à l'agriculture, à l'industrie et au commerce du pays qu'elle prive de bras vigoureux, ensuite aux jeunes gens eux-mêmes qui trouvent fastidieux de recommencer une troisième fois ce qu'ils ont déjà fait pendant deux ans; sans compter leur tendance naturelle, pendant qu'ils sont au régiment, à oublier ce qu'ils ont appris en apprentissage, ou dans les écoles professionnelles, ce qui les oblige, souvent, à perdre encore du temps pour se remettre au courant des choses de leur métier, quand ils rentrent dans la vie civile.

Pour ce qui est de l'argument soi-disant péremptoire, de la défense nationale, en faveur de la loi de trois ans, je vous expliquerai, dans ma sixième conférence, comment j'entrevois la fin de la ruineuse paix armée des temps modernes, ainsi que la possibilité d'un désarmement général.

De même que les jeunes gens feraient leur service militaire, de même les jeunes filles, à partir de l'âge de quinze ans, seraient astreintes à suivre des cours dans les hôpitaux, dispensaires, crèches et maternités, de manière à se trouver pourvues, à leur majorité, d'un certificat d'études d'hygiène et de médecine pratiques.

De cette façon, elles sauraient au moins, dans la vie civile, assister les malades, les infirmes et les vieillards, et, une fois mariées, soigner et bien élever leurs enfants.

Et, puisque le régiment permet aux jeunes gens de toutes les professions de se connaître et de fraterniser, le stage dans les établissements précités fournirait aux jeunes filles de toutes conditions l'occasion de se trouver ensemble et de s'apprécier.

Enfin, tous les adultes devraient être inscrits sur les registres d'une (au moins) des Corporations nationales, pour établir leurs droits ultérieurs à une retraite leur permettant de vivre honorablement pendant leur vieillesse.

Du moment que les adultes seraient soumis à l'obligation du travail, d'après l'article 2 de la Constitution, il serait indispensable qu'ils fissent partie d'un corps de métier quelconque dûment reconnu dans la société, autrement dit d'une corporation.

Leur inscription sur les registres d'une de ces Corporations nationales serait, de plus, évidemment nécessaire pour qu'ils pussent bénéficier, plus tard, de la retraite à laquelle ils auraient droit après un certain nombre d'années de travail.

Si je dis, encore, qu'ils devraient se faire inscrire sur les registres d'une, au moins, de ces corporations, c'est afin de permettre d'exercer plusieurs professions à la fois à ceux qui le désireraient, ou d'en changer à l'occasion, suivant leur convenance ou la nécessité : la retraite de ces derniers serait alors proportionnée au temps passé dans les divers métiers qu'ils auraient exercés.

Je parlerai plus particulièrement, je vous l'ai dit, de l'organisation des Corporations nationales, dans une sixième conférence.

(***Le pouvoir législatif***)

L'ARTICLE 4 traite du pouvoir législatif.

Le pouvoir législatif est confié à une Chambre et à un Sénat, dont les membres sont des représentants des Corporations nationales.

Toutes les corporations doivent être représentées, à la Chambre et au Sénat, avec un nombre d'élus correspondant à leur importance.

Les députés et sénateurs sont nommés, dans chaque corporation, au suffrage universel corporatif (ils peuvent être pris en dehors de la corporation).

Les députés doivent être âgés de plus de trente ans et de moins de cinquante; les sénateurs de plus de quarante-cinq ans et de moins de soixante-cinq. La durée de leur mandat est de trois ans; ils sont rééligibles.

Les lois votées par la Chambre doivent être approuvées par le Sénat.

Voilà, citoyens, la réforme électorale qui devrait être effectuée : c'est la seule qui permettrait une représentation nationale vraiment digne de ce nom.

Qu'il s'agisse, en effet, du système arrondissementier, de celui du scrutin de liste, ou encore du plébiscitaire, cela donnera-t-il aux parlementaires les connaissances qu'ils n'ont pas ? évidemment non ! Cela leur permettra-t-il de représenter utilement leurs électeurs, ce qui n'est pas possible étant donné leur nombre et leurs intérêts différents ? aucunement ! Cela supprimera-t-il la stérile politique de parti ? pas davantage ! Alors ? quelle que soit la réforme adoptée, les lois seront toujours mal faites puisqu'elles seront, comme auparavant, l'œuvre d'incapables et d'impuissants, qui passeront leur temps à se disputer, à parler pour ne rien dire, uniquement préoccupés de faire risette aux capitalistes et de tomber le ministère pour en tirer quelque profit ! Nos finances continueront d'être dilapidées par ces irresponsables que nous n'avons pas même le droit de contrôler, et nous n'en serons pas plus avancés !

Mais les choses se passeraient autrement avec la représentation corporative !

D'abord, la représentation des minorités ne serait plus une chimère, ni une absurdité, comme la théorie du *quotient* ou celle de *l'utilisation des restes,* véritablement incompréhensible pour les esprits les plus déliés, mais deviendrait une réalité puisque chaque corporation se trouverait représentée avec un nombre d'élus correspondant à son importance : le Parlement se trouverait ainsi composé d'individus absolument capables et compétents, chacun dans sa spécialité, parce qu'ils auraient été dûment connus et appréciés dans leurs milieux respectifs avant d'être nommés; les parlementaires représenteraient, en outre, les intérêts mêmes du pays, et toutes ses forces vives, puisqu'ils seraient les délégués de toutes les corporations, c'est-à-dire de tous les travailleurs.

Croyez-vous qu'en séance, comme ceux d'aujourd'hui, ils passeraient leur temps à s'ingénier à faire du tapage avec leurs pupitres ou leurs coupe-papier, pour s'empêcher mutuellement de parler ? Ils auraient des préoccupations et des buts à atteindre autrement nobles et élevés ! ils discuteraient, au contraire, toutes les questions se rapportant au travail, intéressant par conséquent la vie même de la nation;

ils s'occuperaient des producteurs ainsi que des consommateurs, lesquels jusqu'à présent n'ont jamais trouvé personne qui s'intéressât à eux; ils traiteraient des ventes, des achats, des échanges et des moyens d'augmenter la richesse nationale au lieu de la gaspiller; leurs projets de loi, enfin, seraient soigneusement élaborés dans leurs corporations respectives, et quand ils les soumettraient à l'approbation de leurs collègues, ce serait non pas pour en voir discuter les articles un à un par un tas de gens qui n'y connaîtraient rien, comme cela se passe actuellement, mais simplement pour être assurés que leur adoption immédiate, tout en profitant à leurs corps de métier, profiterait également à tous les autres, ou du moins ne viendrait pas leur causer de préjudice en portant atteinte à leurs droits.

Quant à la limite d'âge imposée aux députés et sénateurs, elle me paraît indispensable: le député doit être jeune, le sénateur plus sérieux; toutefois, à soixante-cinq ans, ce dernier ne pourrait plus être nommé, non pas que je prétende qu'à cet âge l'homme ne soit plus bon à rien, mais parce qu'à ce moment il ne peut plus travailler sans se fatiguer bientôt, et a besoin, par conséquent, de repos.

J'ai fixé également à trois ans la durée du mandat des sénateurs et députés, parce qu'ils seraient rééligibles : s'ils représentaient convenablement leurs corporations, celles-ci n'auraient, en effet, qu'à les renommer; dans le cas contraire, elles en éliraient d'autres, et trois années seraient largement suffisants pour qu'elles pussent se rendre compte de la valeur des élus.

Enfin, les lois votées par la Chambre devraient être approuvées par le Sénat, parce que la fougue de la jeunesse doit être tempérée par la sagesse, c'est-à-dire par l'expérience et la raison.

(Le pouvoir exécutif)

L'ARTICLE 5 concerne le pouvoir exécutif.

Le pouvoir exécutif est confié par la Chambre et le Sénat à une Commission dont les membres portent le titre de ministres et le président celui de Président de la République.

La Commission est renouvelée tous les trois ans.

Elle n'exerce qu'un simple pouvoir représentatif, de surveillance et de contrôle sur les différents Ministères et grandes Administrations de l'Etat.

C'est ainsi que doit se concevoir le pouvoir exécutif dans une démocratie.

Sous l'ancien régime, en effet, le pouvoir législatif et le pouvoir exécutif se trouvaient confondus dans le pouvoir souverain : le monarque faisait exécuter la loi que, seul, il décrétait.

La Révolution de 1789 amena la séparation des pouvoirs, et la Constitution de 1791 donna au peuple le droit de faire la loi : le roi devait simplement la sanctionner et la faire respecter; le roi avait bien le droit de *veto*, mais si le peuple insistait, il devait s'incliner devant sa volonté.

La Constitution de 1793 fit mieux : elle institua le principe de la délégation des pouvoirs: les vingt-quatre membres du Conseil exécutif de la Convention n'étaient que des délégués du pouvoir législatif, uniquement, chargés de l'exécution de la loi, et les forces publiques n'étaient mises à la disposition de ces délégués que pour leur permettre de faire respecter les décisions de la volonté nationale.

Il était impossible, dans ces conditions, de porter atteinte à la souveraineté populaire. Aussi, le premier soin des réactionnaires, dans la suite, fut-il de chercher à modifier habilement cet article de la Constitution qui ruinait à jamais leurs espérances de renverser la République : ils profitèrent de la chute de Robespierre pour faire décréter la Constitution de l'An III organisant le Directoire, et les membres du Conseil exécutif, d'abord, furent réduits au nombre de cinq; ensuite, après le Coup d'Etat du 18 Brumaire, la Constitution de l'An VIII, organisant le Consulat, réduisit ce nombre à trois, et rétablit, en quelque sorte, le principe du pouvoir absolu en attribuant au premier Consul des pouvoirs discrétionnaires.

Jusqu'en 1848, le pouvoir exécutif appartint exclusivement à l'empereur, ou au roi.

Enfin, la lourde faute de la République de 1848 fut de confier le pouvoir exécutif au Président de la République : les réactionnaires réussirent à porter Louis Bonaparte à la présidence, et celui-ci en profita immédiatement pour rétablir l'Empire.

Quant à notre Constitution de 1875, je vous l'ai dit dans ma première conférence, elle est monarchique et antirépublicaine par excellence, puisqu'elle confère au Président de la République, non seulement le droit exorbitant et souverain de disposer de la force armée, mais encore celui de nommer à tous les emplois civils et militaires, érigeant ainsi le monstrueux principe du favoritisme en institution nationale !

Tant que le Président de la République consentira à n'être que l'esclave des ministres entre les mains desquels il s'abdique, et tant que ces ministres seront républicains, nous n'aurons rien à craindre pour nos libertés, mais, vienne un ministère réactionnaire et un président complaisant, et voilà la République compromise par un inévitable coup d'état !

Nos parlementaires, soi-disant républicains, n'ont pas l'air de s'en douter, et, s'ils s'en doutent, ils ont le grand tort de n'en rien dire, et surtout celui de ne rien faire pour y remédier !

Cela ne les empêche pas de parler sans cesse de leur fidélité et de leur amour pour la République; de former, à grands fracas, des groupes d'union, de défense, ou d'entente républicaines, et de se dire même socialistes, quelquefois !

Toutes ces protestations sont superflues : au lieu de se moquer de nous, ils devraient plutôt faire un peu moins de tapage et un peu plus d'utile besogne, et commencer, puisqu'ils sont en majorité au Parlement, par assurer le bonheur du peuple en ôtant définitivement au parti réactionnaire la possibilité de reconquérir jamais le pouvoir !

Avec une Commission exécutive à pouvoirs limités, renouvelée tous les trois ans, un coup d'Etat ne serait plus possible. Cette Commission n'exercerait, en effet, qu'un simple pouvoir de surveillance et de contrôle sur les différents ministères et les grandes administrations de l'Etat, elle servirait d'intermédiaire entre toutes ces institutions et le Parlement, seul juge et seul maître en toute matière.

Quant au président de cette Commission, qui porterait le titre de Président de la République, il remplirait une fonction purement honorifique et représentative; il serait le délégué de la Commission exécutive du Parlement pour la signature des pièces et l'expédition des affaires courantes, et le représentant de la France vis-à-vis des pays étrangers; il n'aurait plus, comme en ce moment, des pouvoirs de monarque constitutionnel, pouvoirs tellement formidables qu'ils constituent un véritable et sérieux danger pour notre démocratie.

Dans toute Constitution, c'est l'article concernant l'organisation du pouvoir exécutif qui décide du degré de liberté dont peut jouir une nation.

(*Le pouvoir judiciaire*)

L'ARTICLE 6 se rapporte au pouvoir judiciaire.

La justice est rendue par des magistrats assistés de jurés.

Tout tribunal doit se composer de deux juges, dont l'un représente le ministère public, et de quatre jurés pris dans les corporations des parties en cause.

Il y a trois degrés de juridiction: 1° *les tribunaux de conciliation (justice de paix)*; 2° *les tribunaux proprement dits (commerce, civil, criminel)*; 3° *les tribunaux d'appel.*

La composition des tribunaux d'appel est de trois juges et de six jurés.

Les membres actuels de la Cour de Cassation forment une Chambre haute au Ministère de la Justice, avec des attributions juridiques spéciales, comme le Conseil d'Etat, notamment celles de statuer sur les plaintes formées contre les magistrats et fonctionnaires publics, et de soumettre au Parlement les modifications susceptibles d'être apportées aux lois.

Les Conseils de Guerre sont supprimés.

La procédure n'étant qu'un accessoire de justice, les juges doivent statuer en fait et en droit, sans tenir compte de la question de forme dans leurs jugements et arrêts.

Tout justiciable a le droit de se faire assister d'un défenseur de son choix.

La peine de mort, celles de la réclusion et de la détention sont abolies et remplacées par l'embrigadement forcé pour l'exécution de travaux pénibles ou dangereux.

La justice est gratuite.

Actuellement, le système du jury est admis en Cour d'assises; mais il ne l'est pas en matière correctionnelle, civile et commerciale, et c'est un tort; s'il est reconnu, en effet, que les magistrats ont besoin d'être surveillés dans l'exercice de leurs fonctions, quand il s'agit de condamner ou d'innocenter un criminel, à plus forte raison doivent-ils l'être quand il s'agit de procès où les intérêts les plus divers et des plus importants quelquefois des particuliers sont en jeu; du moment que le principe du jury est appliqué à une branche de la justice, il n'y a pas de raison de ne pas l'appliquer à l'arbre tout entier.

Tout tribunal, ai-je dit, devrait se composer de deux juges, dont l'un représenterait le ministère public, et de quatre jurés pris dans les corporations des parties en cause. De cette façon, les intérêts de chacun seraient parfaitement protégés et défendus : ceux de la société par l'organe du ministère public; ceux des parties par les membres de leurs propres corps de métier; le juge ainsi assisté rendrait nécessairement la justice en toute indépendance d'esprit et aussi bien qu'elle peut être rendue. Dans tous les cas, les abus de pouvoir et les dénis de justice ne pourraient plus se perpétrer : il arrive, en réalité, fort souvent aujourd'hui, que des magistrats ne tiennent aucun compte des plaintes, des réclamations, ni même des conclusions des parties, et rendent de ce chef des jugements et arrêts monstrueux; avec l'assistance des jurés corporatifs, les choses ne pourraient plus se passer ainsi, et la magistrature se trouverait obligée de traiter les justiciables avec un peu moins de désinvolture et un peu plus d'égards et de ménagements.

Il devrait y avoir, encore, trois degrés de juridiction et non pas cinq comme maintenant : les tribunaux de conciliation, ou les justices de paix; les tribunaux proprement dits (commerce, civil, criminel); les tribunaux d'appel.

La juridiction de la Cour de cassation, en effet, n'a rien à voir avec les intérêts des justiciables, puisqu'elle ne statue pas *en fait*, mais uniquement sur des questions de droit pur, et sur des interprétations spéciales de la loi sur lesquelles les tribunaux et les Cours d'appel ne s'accordent pas : en réalité, si la loi est mal faite, il n'échet pas à la Cour de cassation de la changer; ce droit appartient exclusivement au Parlement; quant au justiciable, il est inadmissible qu'il supporte, à son tour, les conséquences d'une loi mal ordonnée; dans ce cas, la question de fait devrait primer la question de droit, et son affaire devrait être jugée suivant le sens habituel donné par l'usage à ladite loi; agir différemment, c'est lui imposer une loi nouvelle avec effet rétroactif, puisque personne ne pouvait prévoir la décision en droit de la Cour de cassation, c'est-à-dire la jurisprudence nouvelle; or, il est absolument contraire à l'idée de justice qu'une loi puisse avoir jamais d'effet rétroactif; c'est pourtant ce qui se passe tous les jours avec la Cour de cassation; cette institution ne fonctionne qu'en violant perpétuellement les principes les plus élémentaires de la justice !

Pour remettre les choses en place, il suffirait simplement de faire de la Cour de cassation une sorte de Haute Chambre de justice, analogue au Conseil d'Etat, avec des attributions juridiques spéciales : elle pourrait, par exemple, connaître des plaintes portées contre les magistrats et fonctionnaires publics en général, et soumettre au Parlement les modifications susceptibles d'être apportées aux lois.

Pour ce qui est des tribunaux de conciliation, ou des justices de paix, au lieu de donner au juge le droit excessif de juger sans appel, ce qui est inconcevable dans une démocratie, il conviendrait plutôt de faire de ce magistrat un conciliateur pur et simple avant que les affaires ne fussent portées devant les tribunaux proprement dits; il aurait bien une compétence particulière pour juger les petites contestations, mais ses jugements seraient toujours susceptibles d'appel.

Quant aux tribunaux d'appel, composés de trois juges et de six jurés, ils rendraient des arrêts définitifs.

Nous avons vu, d'ailleurs, comment la composition du jury sauvegarderait complètement les intérêts des parties.

De plus, les juges devraient statuer *en fait* et *en droit*, uniquement, dans leurs jugements et arrêts, sans tenir compte, aucunement, de la question de procédure.

La procédure, en effet, n'est qu'un simple accessoire de justice; c'est une forme, éminemment conventionnelle, de pure administration, destinée à faciliter l'accomplissement du travail intérieur des Palais de Justice et tribunaux : il est, en vérité, scandaleux, de voir, à notre époque, une question de procédure faire échec à une question de fait ou de droit ! qu'un plaignant écrive une plainte sur un papier timbré, ou non timbré, oublie un mot, dans un placet ou autre grimoire, ou une formule de cet incompréhensible jargon qui est l'habituel langage des gens de justice, et voilà ce plaignant débouté de sa demande ou déchu de ses droits ! Quel rapport peut-il bien y avoir, en conscience, entre une question de forme et une question de fait ou de droit ? je vous le demande ? et combien burlesque est cette conception d'une justice où la réparation d'un tort, ou d'un préjudice, causé à un individu, dépend de la couleur d'un papier ou de son timbrage, et de l'omission d'un adverbe ou d'un adjectif !

Les Conseils de guerre devraient également être supprimés. Il est absurde, effectivement, de prétendre qu'un soldat, parce qu'il se trouve sous les drapeaux, perd de ce chef ses droits de citoyen, et se trouve, s'il commet quelque faute, ressortissant à une juridiction tout à fait différente de celle qui régit les autres membres de la société.

La loi étant faite pour tout le monde, tout le monde doit également la subir, les soldats comme les autres, avec les mêmes obligations, droits et avantages qu'elle comporte. Bien entendu, cela ne retirerait pas à l'autorité militaire le droit de sévir et de punir les fautes légères, mais tous les cas dits de Conseil de guerre devraient être déférés aux tribunaux ordinaires, seuls compétents pour statuer.

Tout justiciable, de plus, qu'il soit civil ou militaire, devrait avoir le droit de se faire assister d'un défenseur de son choix : mais je traiterai plus spécialement cette question, qui intéresse particulièrement l'ordre des avocats, dans ma sixième conférence.

Pour ce qui est de la peine de mort, ainsi que de celles de la réclusion et de la détention, je trouve leur abolition obligatoire dans tout pays civilisé; ces peines sont, en effet, contraires aux lois naturelles, ainsi qu'aux principes les plus élémentaires de la morale et de la raison, et constituent une triple erreur sociale.

D'abord, le droit à la vie est un droit absolu : ce droit, c'est la nature qui nous le confère en nous faisant entrer en ce monde, et qui nous le retire quand elle nous en fait sortir; cette vie, pendant notre existence terrestre, est soumise à une infinité d'accidents qui viennent sans cesse la modifier, et nous la faire perdre parfois; mais ce dernier accident est d'ordre occasionnel et ne peut pas être d'ordre social, à moins que des hommes aient la prétention de vouloir s'arroger les droits de la nature et se substituer à elle ! attenter à la vie de son semblable, quel qu'il soit, fût-il le dernier des misérables, est donc un crime de lèse-nature qu'une société civilisée n'a pas le droit d'accomplir.

Il en est de même des peines de la réclusion et de la détention : puisque la nature nous a faits tous libres et égaux, pourquoi violer ses lois en enfermant dans des cachots des êtres constitués pour vivre au soleil ?

Au point de vue moral, la peine de mort est encore une erreur, car, si l'on ôte la vie à un criminel, on l'empêche de racheter sa faute par la suite, et ce n'est pas une raison parce qu'il a mal agi, en assassinant par exemple, pour que la société, en le supprimant, en fasse autant !

De même, il est immoral d'enfermer des criminels dans des bagnes, ou des maisons de détention communes, parce que l'on autorise alors ces derniers à toutes les dépravations possibles et imaginables, en les forçant à vivre en dehors des lois naturelles : la société fait ainsi elle-même de ces malheureux, des détraqués et n'a plus le droit, par conséquent, de leur reprocher ensuite leur mentalité spéciale, quand ils sont remis en liberté, après avoir purgé leur condamnation.

Au point de vue de la raison, enfin, toutes ces peines sont absurdes, parce qu'elles ne servent à rien : malgré la peine de mort, il y a toujours des assassins; quant aux prisons, elles nous coûtent fort cher, il y en a même qui possèdent le dernier confort moderne, et elles n'abritent, le plus souvent, qu'un tas de propres-à-rien qui sont enchantés de vivre sans rien faire, ou à peu près, aux frais des contribuables !

Comment punir, alors, tous ceux qui enfreignent les lois sociales, et portent atteinte aux droits de leurs concitoyens ? Comment ? Mais en leur appliquant, avec la dernière rigueur, la loi même qui sert de base à l'édifice social, la loi du travail ! Faites travailler tous ces malfaiteurs, embrigadez-les pour l'exécution de travaux difficiles ou dangereux, et qu'au moins, s'ils perdent la vie, ou usent leur santé, ce soit pour quelque travail utile dont la société, lésée par leurs crimes ou délits, puisse tirer profit ! Donnez à tous, également, les moyens de se racheter : quelquefois les uns n'ont fauté que dans un moment d'absence, ou de faiblesse, par suite d'un coup de tête ou d'une tentation trop forte; si vous en faites des déclassés, comment voulez-vous qu'ils puissent se relever ? Ils n'en auront jamais l'idée : d'ailleurs, s'ils en avaient l'idée, malgré leur courage et leur bonne volonté, ils ne pourraient pas y arriver ! Permettez-leur, au contraire, de réparer le mal qu'ils auront pu causer; traitez-les en hommes libres au lieu de les mépriser, et commencez par avoir pour eux les égards qui sont dus à tous les êtres de l'humanité : car on ne peut donner le nom de justice qu'à celle qui respecte les lois naturelles, les principes de la morale et ceux de la raison !

Enfin, la justice devrait être gratuite dans une démocratie : tous les citoyens étant égaux, ils doivent tous avoir le même droit d'articuler leurs griefs, à l'occasion, et de les soumettre à l'arbitrage des tribunaux : pour cela, le manque d'argent ne doit pas être un obstacle pour eux, puisque l'argent ne confère aucun droit à celui qui le possède, mais simplement un avantage particulier.

Le jour où la justice serait gratuite, il n'y aurait plus de gens de chicane, ni de procéduriers !

(*Les pouvoirs publics et administratifs*)

L'ARTICLE 7, le dernier, a trait aux pouvoirs publics et administratifs.

Toutes les places, grades ou emplois dans un ministère, service public ou administratif quelconque, sont obtenus : 1° au concours ; 2° à l'élection; 3° à l'ancienneté.

Sous le contrôle de la Commission des ministres, les Ministères s'administrent eux-mêmes, ainsi que les Corporations nationales et les grandes Administrations de l'Etat.

Dans chaque département, ville ou bourgade, les préfets, sous-préfets, conseillers généraux, d'arrondissement ou municipaux sont des délégués élus des Corporations nationales.

Ils sont nommés pour trois ans et sont rééligibles.

Il est élémentaire, effectivement, sous un régime démocratique, que les places, grades ou emplois soient donnés à ceux qui les méritent !

Pourtant, c'est l'inverse, exactement, qui se passe dans notre pays : chez nous, toutes les places, grades ou emplois sont accordés et distribués uniquement à la faveur ! c'est inouï, mais telle est pourtant la vérité !

La Constitution de 1875 donne au Président de la République le pouvoir souverain de nommer à tous les emplois civils et militaires: dans la réalité, le Président délègue ses pouvoirs aux ministres et ce sont ces derniers qui nomment, suivant leur bon plaisir, la totalité des fonctionnaires dont nos administrations, ministères et services publics sont si abondamment pourvus !

Nous vivons sous le régime du favoritisme, par conséquent sous celui de l'arbitraire et de la domination !

De là, comme je vous le disais dans ma première conférence, en vous faisant la critique de la Constitution de 1875 et du parti républicain, les platitudes et les courbettes des fonctionnaires, en général, devant les membres du

Gouvernement, pour obtenir un changement de poste, ou de l'avancement, et cette déplorable politique de parti qui divise tous les citoyens.

Ces honteux agissements ne devraient pas être tolérés dans une République, et les places, grades et emplois, toujours obtenus, au contraire : 1° au concours; 2° à l'élection; 3° à l'ancienneté.

D'abord au concours : de cette façon, on pourrait s'assurer des capacités des postulants et nous n'aurions plus à la tête de nos administrations, comme cela arrive souvent, des fils à papa, ou des intrigants, parfaitement incapables ou ignorants; ensuite à l'élection, parce que, dans l'organisation du travail, il est juste d'attribuer les premières fonctions à ceux qui savent le mieux les remplir, et d'autre part, ce sont les travailleurs eux-mêmes qui sont les mieux qualifiés pour apprécier la valeur des candidats à élire; enfin, à l'ancienneté dans tous les autres cas.

Personne, avec un pareil système, ne pourrait se plaindre, ni crier à l'injustice, puisqu'il n'y aurait plus de passe-droits.

En outre, sa conséquence immédiate serait d'aboutir à une complète décentralisation, car tous les Ministères et grandes Administrations de l'Etat seraient obligés de s'administrer eux-mêmes, de recruter leur personnel, et d'organiser respectivement leur propre travail au mieux des intérêts de la nation : ils ne seraient plus, comme aujourd'hui, sous l'absolue dépendance d'un Gouvernement dont les ministres, généralement, sont absolument nuls sous le rapport des connaissances techniques de leur département; la direction et la marche des affaires générales n'auraient qu'à y gagner, et nous en finirions, une fois pour toutes, avec l'absurdité et l'incohérence des méthodes de travail de nos dirigeants actuels; la Commission des ministres exercerait sur tous les services publics un droit de surveillance et de contrôle, et servirait simplement d'intermédiaire entre eux et le Parlement.

Les Corporations nationales, à leur tour, s'administreraient elles-mêmes également ; elles pourraient posséder leurs banques, leurs caisses de retraite, faire valoir leurs capitaux, etc... mais, je vous l'ai déjà dit, j'exposerai mes idées relatives à une organisation corporative dans une sixième conférence.

Enfin, pour que la décentralisation fût complète, dans chaque département, ville ou bourgade, les préfets, sous-préfets, conseillers généraux, d'arrondissements, ou municipaux, seraient les délégués élus des corporations locales qui les nommeraient tous les trois ans; ils seraient rééligibles.

Les intérêts généraux du pays seraient ainsi pleinement sauvegardés, et ils ne pourraient pas être en meilleures mains, puisque tous ces fonctionnaires seraient nécessairement choisis dans les Corporations nationales parmi les hommes les plus capables et les plus compétents.

⁂

Voilà, citoyens, les articles fondamentaux d'une nouvelle Constitution républicaine, dans laquelle le principe de domination se trouve absolument proscrit.

Dans ses sept articles, elle envisage tous les éléments de la société : l'enfant, l'adulte et le vieillard; elle accomplit l'émancipation prolétarienne, en supprimant le salariat par l'organisation du travail basée sur la reconnaissance de l'égalité des droits des trois facteurs de production associés : intellectualité, main-d'œuvre, capital; elle assure au pays une représentation nationale intelligente; elle empêche, enfin, la possibilité d'un coup d'Etat, par conséquent celle d'un retour en arrière, consolidant ainsi définitivement le principe du régime républicain.

Dans ma prochaine et dernière conférence, mercredi 1er avril, j'aborderai les moyens de réalisation de cette partie pratique de mon programme, en indiquant les mesures à prendre pour une transformation pacifique de la société.

Le titre de ma conférence sera le suivant : LOIS DE SALUT PUBLIC ET DE TRANSFORMATION SOCIALE.

LOIS
de Salut Public et de Transformation Sociale

Sixième conférence
Faite au Rocher Suisse le 1er avril 1914

CITOYENNES, CITOYENS,

J'arrive maintenant à la partie de réalisation de mon programme : dans ma quatrième conférence, j'ai posé les bases d'une organisation rationnelle de la société; dans la cinquième, je vous ai soumis les articles d'une nouvelle Constitution républicaine; je vais vous exposer succinctement, aujourd'hui, les moyens susceptibles de transformer radicalement, et pacifiquement, tout l'organisme social.

Il ne suffit pas, en effet, d'émettre une théorie, et sur cette théorie d'échafauder un système, faut-il encore que ce système soit pratique, c'est-à-dire applicable, réalisable, sous peine de n'avoir aucune valeur.

(Difficulté de lancer une idée nouvelle)

Rien n'est plus difficile, en général, que de lancer une idée nouvelle! les idées ne s'imposent pas, aussitôt formulées, malheureusement; elles ne se propagent que lentement, et avec difficulté, parce que toutes celles qui sortent un peu de l'ordinaire voient immédiatement se dresser devant elles deux redoutables ennemis: le premier, c'est la force de la routine, de l'habitude, de l'indifférence, et des préjugés, qui indisposent contre elles, d'abord, tous ceux qui sont heureux et tranquilles, et trouvent inutile, par suite, de rien changer à l'ordre actuel des choses, de crainte qu'une modification quelconque apportée à l'ordre social ne vienne troubler leur bien-être ou leur sérénité; ensuite, tous ceux qui ne se donnent pas la peine de réfléchir, ou sont par nature hostiles au progrès dont ils ne comprennent pas le principe, et reculent devant l'effort à faire pour s'assimiler quelque chose de nouveau; enfin tous ceux qui, pleins d'eux-mêmes ou de pusillanimité, pensent toujours comme tout le monde, de peur de se compromettre ou se faire moquer d'eux;

Le second ennemi, c'est l'hostilité non déguisée de tous ceux qui vivent de l'exploitation des idées anciennes et craignent, naturellement, de perdre leurs profits; ces derniers font une guerre acharnée à toute idée nouvelle, et ne reculent dvant aucun moyen, quelquefois, pour la détruire ou l'étouffer.

(Conditions de réalisation de tout système de réorganisation sociale)

S'il est difficile de lancer une idée, à plus forte raison doit-il être malaisé de faire adopter un système social nouveau, puisque toute innovation en matière constitutionnelle et politique porte directement atteinte à l'organisation même des forces gouvernementales: comme ceux qui sont au pouvoir tiennent à le conserver, ils font naturellement l'impossible pour ne pas être délogés, et comme ils sont les plus forts, à cause des ressources et des moyens dont ils disposent, pratiquement on ne peut pour ainsi dire pas y arriver; de là l'absolue nécessité, pour un projet de réorganisation sociale, quel qu'il soit, de remplir certaines conditions de réussite avant d'être présenté.

D'abord, il doit soigneusement répudier tout moyen violent, la force et la violence étant d'inévitables facteurs d'insuccès; ensuite, il faut que ce projet ne viole en aucune façon les principes de liberté, d'égalité, et de justice, et tienne compte de l'état social de tous les membres de la société.

A ces conditions seulement il sera pratique et applicable, malgré la défiance instinctive et générale avec laquelle il ne manquera pas d'être inévitablement accueilli.

Supposons maintenant qu'il remplisse ces conditions et ait reçu l'assentiment d'une partie de la population, et envisageons comment il serait possible de procéder à son application.

La société se trouvant régie par des lois, et ces lois étant faites, dans notre pays, par le Parlement, il faudra donc, nécessairement, que ce projet fasse l'objet d'une loi, ou d'un certain nombre de lois, sur la proposition d'un membre du Parlement, dans l'espèce, d'un député, pour pouvoir être appliqué.

Mais ce député, je vous l'ai démontré dans mes précédentes conférences, par suite de l'absurdité de notre système de représentation nationale, est, par essence, incapable de représenter les intérêts de ses électeurs, et, s'il s'occupe de la cause des prolétaires, dans l'impuissance absolue de lutter contre ses collègues qui sont, pour la plupart, pour ne pas dire presque tous, à la solde du capitalisme — et c'est ce qui explique pourquoi, je vous l'ai dit, toutes les lois sont faites au profit des riches et au détriment des petits — nous nous trouvons donc, après avoir surmonté toutes les difficultés, pour rendre notre projet réalisable, dans l'impossibilité matérielle de le faire accepter!

Pour pouvoir réussir, il faudrait donc commencer par changer notre absurde système de représentation nationale, et je vous ai expliqué, dans mes dernières ocnférences, comment tous ces systèmes savants, proposés par nos parlementaires à cet effet, n'étaient que des trompe-l'œil qui ne pouvaient rien réformer du tout, tandis que le système de la représentation nationale corporative était le seul qui fût vraiment rationnel et démocratique.

(*Facilité de réalisation du présent système*)

La première loi qu'il s'agirait de faire voter serait donc une *loi d'organisation corporative.*

Mais cette loi, d'après ce que je viens de dire, ne pourra jamais être votée par le Parlement, puisqu'elle porterait un coup droit au capitalisme qui se trouverait, dès lors, obligé de s'incliner devant la démocratie

Il faut trouver, par conséquent, un autre moyen d'entamer le bloc parlementaire capitaliste, sans recourir à un nouveau projet de loi qui serait impitoyablement rejeté; cherchons donc la fissure par laquelle nous pourrons le désagréger.

Eh bien! dans l'arsenal des lois compliquées

et décrets innombrables élucubrés, depuis 1875, par des soi-disant représentants de la volonté nationale, se trouve une loi, de modeste apparence, qui va nous permettre d'atteindre notre but; cette loi est, d'ailleurs, la seule, avec la loi de Séparation de l'Eglise et de l'Etat, qui soit franchement républicaine: c'est la loi du 1er juillet 1901, sur la liberté d'association.

La liberté d'association, en effet, a été proclamée par la Révolution et figure dans les Constitutions de 1791 et 1793, mais les réactionnaires en faisant proclamer, après la chute de Robespierre, la Constitution de l'an III, organisant le Directoire, ont eu soin de la faire disparaître; cette liberté, nous ne la voyons plus figurer que dans la Constitution de 1848, et encore pendant quelques mois seulement, car aussitôt après la sanglante insurrection de juin elle fut de nouveau limitée en juillet, par les soins de la réaction triomphante, et définitivement étranglée sous la présidence de Louis Bonaparte; la Constitution de 1875, ne réussit pas à la faire proclamer, et ce n'est que dernièrement, en juillet 1901, qu'elle nous est enfin revenue!

Cette loi est pourtant une des bases fondamentales d'un gouvernement républicain!

C'est elle, dans tous les cas, qui va nous permettre de transformer la société, sans avoir besoin de recourir aux services d'aucun parlementaire, et de faire échec même au Parlement capitaliste tout entier, et sans que ce dernier puisse s'y opposer, ni rien dire, puisque notre moyen sera *pacifique* et *légal !*

Avec la loi de 1901, en effet, les travailleurs d'un même corps de métier pourraient facilement se mettre en association déclarée, conformément à l'article 5 de la dite loi, et demander ensuite au gouvernement, qui ne pourrait pas le refuser parce qu'il y a des précédents, la déclaration dite *d'utilité publique* de celle-ci, de manière à leur permettre de recevoir des dons, posséder des immeubles et s'administrer.

La mise en pratique de notre projet de réorganisation sociale pourrait donc se commencer ainsi, facilement et immédiatement, sans avoir besoin de recourir au vote d'aucune loi nouvelle, en tirant profit, simplement, de celle du 1er juiller 1901 sur la liberté d'association.

Toutefois, une seconde condition serait encore tout à fait indispensable pour la réalisation de l'organisation de ces corporations nationales: cette condition est *l'union des travailleurs de la main-d'œuvre avec les intellectuels.*

Actuellement, la société se trouve mise en coupe réglée par les capitalistes, qui imposent leurs conditions aux deux autres facteurs de la production: naturellement, les dominateurs du jour ne verront pas d'un bon œil se former des associations nouvelles dans lesquelles ils ne seront plus les maîtres, mais obligés, au contraire, de faire part à trois; ils useront certainement de toute leur influence pour empêcher, par tous les moyens possibles, ces dernières de s'organiser; il est évident, d'autre part, que chacun des deux facteurs de l'intellectualité et de la main-d'œuvre, pris isolément, est incapable d'échapper à l'étreinte du capitalisme; eh bien! il n'en serait plus de même s'ils arrivaient tous les deux à s'entendre et s'unir: les intellectuels apporteraient à la main-d'œuvre leur savoir et leur talent pour formuler leurs revendications communes, les soutenir et défendre devant et contre les capitalistes, et la main-d'œuvre apporterait à l'intellectualité la toute-puissance du nombre quand il s'agirait de voter les résolutions; de cette façon, les capitalistes, dont la force, il ne faut pas l'oublier, repose uniquement sur la division des travailleurs, seraient bien obligés de s'incliner, et d'autant plus obligés que les deux facteurs de la main-d'œuvre et de l'intellectualité pourraient à la rigueur, parfaitement se passer d'eux, et vous allez immédiatement le comprendre: nous savons, en effet, que l'argent ne donne aucun droit à celui qui le possède, mais simplement un avantage sur celui qui n'en a pas; le capital, en tant que facteur de production, a par lui-même des droits qui lui sont réservés dans l'organisation du travail, et son propriétaire en bénéficie, comme je vous l'ai expliqué dans mes précédentes conférences; il serait donc excessivement facile aux travailleurs de se passer, non pas du capital, qui est un des trois facteurs de production, mais des capitalistes, c'est-à-dire de ceux qui le détiennent; pour cela, encore une fois, ils n'ont qu'à s'entendre: ce sont eux qui sont les deux facteurs actifs et intelligents de la production, ils n'ont donc qu'à poser eux-mêmes leurs conditions à celui qui a de l'argent, au lieu de subir les siennes! Le capitaliste, de son côté, ne pouvant plus profiter de la désunion de la main-d'œuvre et de l'intellectualité pour s'arroger dans la société une importance et des privilèges auxquels il n'a point droit, sera bien obligé, de son côté, pour faire fructifier son bien, de passer par les conditions qui lui seront posées; et rien n'empêchera, de plus, la main-d'œuvre et l'intellectualité, à un moment donné, de se trouver dans leurs corporations respectives, propriétaires à leur tour de capitaux, prélevés par exemple sur les bénéfices de l'exploitation générale corporative, de profiter par conséquent eux-mêmes de tous les droits inhérents à ces capitaux, et de se passer désormais des capitalistes !

Suivant notre système, les deux conditions indispensables pour arriver à organiser les corporations nationales sont donc: d'une part, l'utilisation pure et simple de la loi du 1er juillet 1901, relative à la liberté d'association, et, d'autre part, l'union des deux facteurs de production qui sont la main-d'œuvre et l'intellectualité: la première de ces conditions est facile; la seconde ne l'est pas moins, puisqu'elle résulte de la similitude et de la communauté des intérêts des différentes sortes de travailleurs ; quant au principe de l'association, il est suffisamment préconisé par toutes les écoles, et mis en pratique par une infinité de sociétés pour que je m'abstienne d'en parler.

Il s'ensuit, par conséquent, que notre système de réorganisation sociale, loin d'être une utopie, est parfaitement et facilement, même, réalisable, puisqu'il repose sur un principe universellement reconnu et mis en pratique, et l'application d'une loi qui existe déjà !

Cette considération est de la plus haute importance, car elle va me permettre, maintenant, d'indiquer comment les travailleurs pourraient pratiquement utiliser leur force toute-puissante, une fois qu'ils se seraient mis en association, pour le plus grand bien de la société.

Lorsqu'un certain nombre de corporations se trouveraient ainsi constituées, il deviendrait aisé aux membres de ces associations d'exiger des parlementaires une réforme électorale basée sur la représentation corporative avec représentation des minorités, c'est-à-dire de tous les corps de métiers, suivant l'article 4 de notre projet de constitution républicaine: ils n'auraient pour cela qu'à obliger les candidats d'inscrire cette réforme dans leurs programmes aux élections nouvelles, sous peine de ne pas les nommer.

Il suffirait donc, somme toute, d'une législature, ou d'une période de quatre ans, pour arriver déjà à ce premier résultat.

Une fois la réforme électorale obtenue sur les bases précitées, et cette réforme peut être considérée comme la cheville ouvrière de tout notre système, voici maintenant quelles seraient les lois qu'il importerait de faire voter pendant une seconde législature pour réorganiser complètement la société en promulguant les articles de notre nouvelle Constitution républicaine.

Ces lois sont au nombre de sept; je vais les énumérer successivement.

Deux législatures, ou huit années, seraient ainsi suffisantes pour transformer l'organisme social dont nos dirigeants, depuis 1875, se sont servi pour mettre la démocratie sous la domination complète du capitalisme, au lieu de l'émanciper!

(Loi d'organisation corporative)

La première de toutes ces lois, bien entendu, serait relative à une organisation générale corporative.

Avant de vous dire comment je conçois cette organisation, je tiens à déclarer catégoriquement que je n'entends, en aucune façon, en vous exposant mes idées sur ce point, faire la critique des syndicats, des mutualités, pas plus que des divers genres d'associations qui existent actuellement: chacun de ces groupements s'organise comme il l'entend; cela regarde ceux qui les composent; quant à moi, je n'ai pas la prétention de croire que seule la forme que je préconise soit la bonne, pour en tirer cette conclusion que toutes les autres ne valent rien! j'expose un système complet de réorganisation sociale, je dois donc en tracer les grandes lignes générales, et comme ce système se trouve basé précisément sur l'organisation même du travail, je ne puis faire autrement que de parler de la manière dont les travailleurs devraient s'unir et s'entendre, selon moi, pour le mieux de leurs intérêts.

Cette organisation corporative serait analogue à celle du Parlement de notre nouvelle Constitution républicaine.

Tous les ateliers, suivant leur importance, enverraient un ou plusieurs *délégués* à la chambre de leur corporation.

Les délégués des ateliers nommeraient les membres d'un *comité* et d'un *conseil* corporatifs, avec des conditions d'âge et des attributions identiques à celles des députés et sénateurs.

Les membres du comité et du conseil nommeraient, à leur tour, une *commission*, dans le genre de celle des ministres, avec un président, chargé de la surveillance et du contrôle administratif de la corporation, c'est-à-dire de sa banque, caisse de retraite, caisse de secours, école professionnelle, etc...

Les membres du comité et du conseil seraient nommés pour trois ans; ils seraient rééligibles.

Tout projet de loi élaboré par la chambre corporative devrait être approuvé par les délégués de la corporation, sur l'avis conforme des ateliers.

De même, les députés et sénateurs de la corporation seraient proposés par le comité et le conseil, et élus par tous les délégués de la corporation.

En somme, le délégué corporatif serait le porte-parole de son atelier, comme le député et le sénateur seraient les porte-parole de la chambre corporative.

Ce système ne permettrait l'accès du Parlement qu'à des gens absolument compétents dans leur spécialité respective, et les intérêts vitaux du pays seraient ainsi dignement et intelligemment représentés.

Quant à l'organisation de la caisse des retraites, elle pourrait s'établir de la manière suivante: tous les ateliers seraient tenus de verser à cette caisse 10 0/0, par exemple, des bénéfices qu'ils auraient obtenus dans l'année. De cette façon, l'obligation de fraternité collective de l'article 2 de notre nouvelle Constitution recevrait son plein et entier effet; la caisse de retraite corporative serait ainsi alimentée par des prélèvements effectués sur le travail général de la corporation, et tous les travailleurs se trouveraient mis sur le même pied d'égalité: celui qui travaillerait dans un atelier ne rapportant point de bénéfices, comme celui qui se trouverait employé dans une excellente maison en pleine prospérité, seraient assurés, sur leurs vieux jours, de jouir d'une retraite honorable, puisque cette retraite serait due à tous les membres de la collectivité; ce qui n'empêcherait pas chacun d'eux, dans son atelier particulier, de profiter de tous les avantages, ou de subir les inconvénients, résultant de la loi d'inégalité individuelle.

Une caisse de secours pourrait être également alimentée par le moyen de légères cotisations prélevées dans les ateliers, de manière à permettre au comité, sur la demande des délégués, de secourir les travailleurs momentanément gênés.

Je vous parlerai encore de la bienfaisante action sociale des corporations nationales, quand j'aborderai les trois dernières lois.

(Loi de sauvegarde républicaine préventive d'un coup d'Etat)

La seconde loi à faire voter, immédiatement après l'organisation des corporations nationales, serait une *loi de sauvegarde républicaine, préventive d'un coup d'Etat.*

Elle supprimerait, purement et simplement, les pouvoirs de monarque constitutionnel du Président de la République, c'est-à-dire : 1° son droit de disposer de la force armée ; 2° son droit de nommer à tous les emplois civils et militaires ; 3° son droit de grâce; 4° son droit de dissoudre le Parlement.

Le droit de disposer de la force armée appartiendrait exclusivement au Parlement; toutes les places, grades et emplois, seraient obtenus au mérite, et non plus suivant le principe du favoritisme, principe absolument scandaleux et révoltant dans une démocratie, c'est-à-dire : 1° au concours; 2° à l'élection ; 3° à l'ancienneté; le droit de grâce, qui est le droit du maître, ou le droit du peuple dans une république, appartiendrait également au Parlement; quant au droit de dissoudre le Parlement, c'est un droit incompréhensible dans un Etat démocratique, puisque les membres du Parlement sont les représentants de la volonté nationale! d'ailleurs, le Parlement se trouve naturellement dissous, et renouvelé, chaque fois qu'il y a des élections.

Cette loi empêcherait la possibilité d'un coup d'Etat, et serait la meilleure sauvegarde de nos institutions républicaines.

(Loi d'égalité générale supprimant tous les privilèges et monopoles)

La troisième loi serait une *loi d'égalité générale supprimant tous les privilèges et monopoles.*

Elle aurait pour objet d'assimiler à des fonctionnaires publics tous les agents de change, notaires, avoués, huissiers, greffiers, commissaires priseurs, etc...

Il est inouï, en effet, qu'il puisse exister encore, dans notre pays, de pareils vestiges de l'ancien régime, et que des citoyens, après avoir acheté *une charge*, puissent avoir ensuite le privilège d'exploiter leurs concitoyens!

Tout possesseur d'une charge est forcément un exploiteur, en réalité, parce que, ne pouvant gagner, d'après les tarifs qui lui sont imposés, qu'un tant pour cent sur les affaires, ou plus, ou moins, suivant la nature des opérations, il a une tendance naturelle et inévitable à pousser à la consommation les gens qui sont obligés d'avoir recours à ses services, ou à leur appliquer le tarif le plus élevé.

Tout privilège ou monopole, de plus, porte atteinte aux principes d'égalité et de liberté : au principe d'égalité en avantageant les uns au détriment des autres; au principe de liberté, en obligeant la masse à se servir de l'entremise forcée de quelques-uns.

Les décorations et distinctions seraient également supprimées, et toutes les croix avec cordons, plaques, boutons ou rubans, remplacées par des prix, des récompenses, des diplômes, décernés par les chambres corporatives aux plus méritants.

(*Loi de justice*)

La quatrième loi serait une *loi de justice.*

Elle changerait le mode de recrutement des magistrats, étendrait le système des jurés à tous les degrés de juridiction, annulerait les effets du Code de procédure, et supprimerait l'Ordre des avocats.

La manière dont les magistrats se trouvent

recrutés actuellement est inconcevable, effectivement; ils sont nommés à la faveur, uniquement, par le ministre de la Justice, ou ses représentants: il s'ensuit, comme je vous l'ai dit dans ma première conférence, qu'ils ne sont pas indépendants, mais les esclaves du gouvernement aux ordres duquel ils obéissent servilement; dans ces conditions, on est tout de suite fixé sur la manière dont ils peuvent rendre leurs arrêts et jugements!

Pour donner aux juges la liberté et l'impartialité indispensables à l'exercice de leurs fonctions, il suffirait donc de ne plus les mettre sous la dépendance du gouvernement: la magistrature pourrait former une corporation nationale dont les membres ne seraient admis qu'après avoir passé des examens et au concours; elle s'administrerait elle-même, sous la haute surveillance de la commission ministérielle, comme les autres corporations.

L'extension du système des jurés à tous les degrés de juridiction viendrait ensuite donner toutes les garanties possibles de sécurité aux justiciables, pour ce qui serait de l'examen de leurs plaintes, demandes ou griefs, puisque ces jurés seraient choisis, suivant l'article 6 de notre nouvelle constitution républicaine, dans les corporations respectives des parties.

Les juges, de plus, devraient juger *en fait et en droit*, sans tenir compte de la question de forme, ou de la question de *procédure*, laquelle, je l'ai déjà dit, n'est qu'un accessoire de justice, simplement, et ne doit pouvoir, en aucune façon, être une cause de nullité, dans un pays rationnellement organisé.

Enfin, cette loi devrait encore supprimer l'Ordre des avocats.

Il n'y a aucune raison, en effet, de le conserver, puisque tous les ordres en général, de chevalerie, monastiques, ou autres, ont été abolis.

On devrait d'autant plus le supprimer que cet ordre constitue, actuellement, un sérieux danger pour notre démocratie, par suite des liens étroits qui l'unissent tant avec la magistrature qu'avec le gouvernement: avec la magistrature, parce que c'est dans le barreau, généralement, que se recrutent les magistrats; avec le gouvernement, parce que les ministres sont, pour la plupart, des avocats ; presque tous ses membres, en outre, ont de la fortune et forment l'Etat-Major intellectuel du Capitalisme dont ils sont les redoutables défenseurs.

Cet ordre joue ainsi un rôle politique prépondérant dans notre vie sociale, il paralyse habilement et systématiquement toute évolution prolétarienne et entrave même, souvent, l'action de la justice par la seule force de son organisation ; le bâtonnier et le conseil de l'ordre, en effet, peuvent être considérés, en quelque sorte, comme les véritables dictateurs de la nation : d'une part, ils surveillent le Parlement, en agissant sur les membres avocats de la Chambre et du Sénat, et, d'autre part, quand l'un de ces membres devient ministre de la Justice, ce qui est assez fréquent, ils tiennent alors toute la magistrature sous leur domination, en ne laissant plus accorder que suivant leur bon plaisir les places ou l'avancement; les avocats parlementaires sont la terreur des magistrats!

Sans compter que leur situation politique donne à tous ces avocats parlementaires, anciens parlementaires ou ministres, un avantage scandaleux sur leurs propres collègues, dans tous les procès et affaires qu'ils peuvent avoir à plaider: d'abord, ils font payer leur influence fort cher, et demandent des honoraires exorbitants; ensuite, ils intimident les magistrats dont ils connaissent les fiches quelquefois, et ceux-ci, par crainte de représailles, leur donnent toujours raison !

Que devient alors le droit sacré de la défense, si les membres du barreau ne sont pas tous égaux ? et que peut faire un pauvre diable d'avocat, quand il défend la cause honorable d'un client qui le rétribue modestement, suivant ses moyens, devant un confrère, ancien ministre ou bâtonnier, qui plaide pour une canaille, reçoit des honoraires princiers, fait la pluie et le beau temps au ministère, et se trouve en contact permanent avec les membres de la haute magistrature, et ceux du gouvernement? Que devient la justice dans ces conditions ?

N'est-elle donc accessible qu'à ceux qui ont de l'argent ?

L'Ordre des avocats devrait donc être aboli.

Ceux-ci pourraient alors former une corporation nationale, avec des tarifs uniformes pour le bon public, et avoir, comme tous les autres travailleurs, leurs représentants au Parlement.

De cette façon, la justice pourrait être rendue convenablement ; les magistrats, ne se trouvant plus, comme aujourd'hui, sous la dépendance du barreau et des politiciens, pourraient être intègres; quant aux justiciables, ils auraient la faculté de se faire assister, devant les tribunaux, aussi bien d'un avocat que de toute autre personne, en vertu du droit de liberté.

(***Loi de conservation de la fortune publique***)

La cinquième loi serait une *loi de conservation de la fortune publique.*

Elle interdirait la spéculation, ou le jeu, à la Bourse des valeurs et du commerce, ainsi que toutes les opérations fictives d'achat et de vente. D'autre part, elle donnerait aux chambres corporatives le pouvoir de déterminer la valeur fixe à attribuer à toutes les actions et obligations en général, de manière à permettre la stabilité de la fortune publique et empêcher la ruine de l'épargne par les spéculateurs, agioteurs et financiers.

Le jeu à la Bourse devrait être sévèrement interdit dans une démocratie, parce qu'il est basé sur le principe de la fourberie.

S'il ne portait atteinte qu'à la poche de ceux qui jouent, cela n'aurait pas autrement d'importance, car ces derniers n'auraient qu'à s'en prendre à eux-mêmes, une fois ruinés; mais il préjudicie à l'épargne tout entière en la dupant habilement.

Les opérations réelles d'achat et de vente d'un titre ou d'une marchandise quelconque ont pour conséquence immédiate, en effet, de fixer ce que l'on appelle les cours de cette marchandise ou de ce titre, c'est-à-dire d'en déterminer la valeur; tant que les opérations sont réelles, il n'y a rien à dire, et les cours suivent les fluctuations véritables et normales de l'offre et de la demande; mais l'on comprend immédiatement que, si des opérations sont faites fictivement, elles auront pour effet inévitable d'influer sur les cours, dans un sens ou dans l'autre, d'une manière absolument fausse, puisque ceux-ci ne répondront pas aux conséquences directes de l'offre et de la demande, mais dépendront simplement de la fantaisie des joueurs; et cela peut devenir très dangereux pour la fortune publique, si d'habiles spéculateurs profitent de ce moyen factice pour désorganiser le marché et s'enrichir en faisant, comme on dit, des coups de Bourse!

C'est ce qui se passe aujourd'hui: le public est adroitement invité, à grand renfort de publicité, à acheter certaines valeurs, par les soins de financiers qui s'arrangent entre eux pour soutenir les cours, ou faire la hausse de ces valeurs, afin de leur attribuer une cote fictive et pouvoir ensuite s'en débarrasser : l'émission terminée, ou les titres placés, les cours tombent aussitôt!

Pour désorganiser le marché et tromper le public, tous les moyens sont bons, en général, aux financiers; le colportage des fausses nouvelles est surtout savamment exploité: un mauvais bruit circule en Bourse, la rente baisse; le lendemain, elle remonte, si le bruit est démenti; la politique, également, influe fâcheusement sur la fortune publique, parce que ces agissements ont une répercussion sur toutes les affaires en général; quant à nos relations internationales, et aux nouvelles de l'extérieur, elles permettent le plus souvent aux membres du gouvernement, et aux privilégiés qui les approchent, de s'enrichir rapidement!

La spéculation devrait donc être défendue sévèrement.

Le meilleur moyen de l'anéantir à jamais serait de faire attribuer par les chambres corporatives une valeur fixe à toutes les actions et obligations; j'entends par valeur fixe un cours particulier pour chaque titre, mais définitif: ainsi une action de 100 francs, par exemple, vaudrait toujours 100 francs, une de 500 francs toujours 500 francs, etc... Les banques corporatives s'occuperaient ensuite d'unifier toutes les valeurs d'une même espèce, de manière à former un portefeuille unique de titres corporatifs: il y aurait des valeurs minières, métallurgiques, agricoles, mobilières, etc... Celles qui rapporteraient beaucoup permettraient de servir des intérêts à celles qui ne rapporteraient rien, et le public, en plaçant son argent dans une corporation nationale quelconque, serait assuré de ne pas le perdre et l'épargne n'aurait plus à redouter les effets des faillites soudaines, ni la fourberie des cours truqués.

Les banques corporatives se trouveraient forcément en relations d'affaires les unes avec les autres, s'entr'aideraient mutuellement à des taux raisonnables, et pourraient également faire fructifier l'argent des caisses de retraite et de secours.

De cette façon, la fortune publique se trouverait en sécurité, car son exploitation deviendrait impossible aux spéculateurs, agioteurs et financiers.

(*Loi d'intérêt général et commercial*)

La sixième loi serait une *loi d'intérêt commercial et général.*

Elle aurait pour objet la fixation du prix de toutes les marchandises par les chambres corporatives, en réservant les droits du fabricant, de l'intermédiaire et du marchand.

Cette loi supprimerait la concurrence, empêcherait le petit commerce d'être mangé par le gros, préviendrait la fraude, et bénéficierait au consommateur.

En fixant le prix de toutes les marchandises, les chambres corporatives devraient nécessairement réserver les droits du fabricant, de l'intermédiaire et du marchand, c'est-à-dire tenir compte du prix de revient, bénéfice compris, du prix de gros et du prix de détail.

De cette manière la concurrence se trouverait supprimée, parce que les prix de gros seraient les mêmes pour tous les revendeurs, et comme les prix de détail seraient imposés à ces derniers, de riches marchands ne pourraient plus vendre meilleur marché que certains de leurs concurrents — n'ayant pas les capitaux nécessaires pour s'approvisionner en grande quantité, — des articles qu'ils auraient payés moins chers qu'eux aux fabricants.

Les travailleurs non plus ne pourraient plus être exploités par des capitalistes sans scrupules, et les femmes principalement, parce que les comités et conseils corporatifs veilleraient à ce que tous les articles fussent vendus, même ceux qui seraient bon marché, à des prix permettant au moins à ceux et celles qui les fabriquent de pouvoir subsister!

Les marchands se partageraient ainsi la clientèle, simplement, au lieu de se la disputer et de l'exploiter; quant à l'intermédiaire, il y trouverait également son compte dans la différence du prix de revient et du prix de gros.

Ce serait une erreur, en effet, que de vouloir supprimer les intermédiaires dans une société, comme l'ont préconisé certains utopistes, parce que l'intermédiaire est aussi utile au producteur qu'au vendeur, en plaçant les produits du premier et en approvisionnant, suivant les besoins de sa clientèle, le second; dans l'espèce, c'est lui qui prend les intérêts du consommateur et renseigne le producteur sur les besoins du marché, en vertu de la loi de l'offre et de la demande.

Une autre erreur, en effet, est encore de croire, comme on le fait aujourd'hui, que la loi de l'offre et de la demande est une véritable loi d'exploitation sociale permettant d'élever les prix des objets quand ils sont très demandés, et de les baisser quand ils ne trouvent pas d'acquéreurs: cette loi est une loi régulatrice de production, uniquement, et devrait toujours servir de base aux producteurs pour réglementer leur fabrication. Qu'arrive-t-il, en effet, quand ils n'en tiennent pas compte? Il arrive inévitablement qu'une surproduction se produit, entraînant un malaise général ou une crise dans les affaires: la marchandise fabriquée en trop reste pour compte au producteur, celui-ci se trouve ruiné, et sa ruine, par contre-coup, atteint tous les travailleurs !

Cette loi préviendrait également *la fraude*, parce que les chambres corporatives ne permettraient jamais qu'une marchandise avariée ou nuisible fut mise en circulation: on ne verrait plus, comme de nos jours, des coquins éhontés s'enrichir cyniquement en empoisonnant le monde de leurs produits frelatés, puisqu'aucun ouvrier, dans l'accomplissement de leurs manœuvres criminelles, ne voudrait plus et ne pourrait plus les aider!

Cette loi supprimerait encore le honteux système de *l'adjudication,* lequel autorise, en quelque sorte, ce que l'on peut appeler *le sabotage patronal.*

Il est véritablement scandaleux, effectivement, de voir des travaux adjugés à certains entrepreneurs à des prix tellement au-dessous de ceux des tarifs en vigueur, parfois, que l'on est amené à se demander si tous ceux qui ont accepté de travailler dans des conditions aussi désavantageuses, avec la perspective infaillible de se ruiner, n'ont pas perdu la tête? Mais, quand on se rend compte, ensuite, de la manière dont le travail a été exécuté, la surprise fait place, alors, à l'indignation: le cahier des charges n'a pas été respecté; les matériaux employés, au lieu d'être de premier choix sont de dernière qualité; l'ouvrage, en un mot, a été saboté, et l'entrepreneur, ou le marchand, s'il s'agit de la livraison d'une fourniture quelconque, au lieu de perdre de l'argent a trouvé le moyen, au contraire, d'en gagner!

Cela ne pourrait plus se passer avec une organisation nationale corporative, parce que tous ces travaux seraient exécutés par les soins et sous la direction des comités, aux prix convenus et fixés par les chambres corporatives.

Enfin, le consommateur y trouverait également son compte, car il ne pourrait plus être, lui non plus, ni dupé, ni volé en aucune façon.

Bien entendu, quand je parle d'une fixation du prix de toutes les marchandises, j'entends les objets de première nécessité et de consommation courante, même les articles de luxe, ainsi que tous les produits fabriqués, mais j'exclus naturellement de ce nombre tous les ouvrages d'art en général et les productions originales des individualités.

(Loi de Défense nationale)

La septième et dernière loi serait une *loi de défense nationale.*

Elle interdirait formellement aux banques françaises d'avancer de l'argent aux gouvernements étrangers.

Cette loi aurait pour inévitable résultat de poser l'internationalisme sur une base corporative et d'amener promptement un désarmement général.

Les capitalistes sont, effectivement, les premiers internationalistes du monde. Ils ne s'occupent que d'une seule chose: faire valoir leurs capitaux. Pour cela ils trouvent que tous les moyens sont bons: ils n'hésitent pas à placer leur argent à l'étranger, si tel est leur intérêt, ainsi que dans toutes les affaires, quelles qu'elles soient, susceptibles de leur rapporter des bénéfices; les périodes de crises économiques, principalement, les comblent de joie, car l'argent, lorsqu'il est rare, se prête à des taux plus élevés; on les entend même couramment proclamer: « Ah! s'il y avait une bonne guerre, comme les affaires marcheraient bien, ensuite! » S'il y avait une guerre, en effet, les caisses et réserves publiques s'épuiseraient bientôt, un grand nombre de gens se trouveraient gênés ou ruinés, obligés, par conséquent, de vendre leurs titres ou leurs biens, et les capitalistes en profiteraient immédiatement pour s'enrichir: la mentalité de certains hommes d'argent est particulièrement effroyable, puisqu'il y en a qui ne craignent pas d'établir leur fortune sur la ruine et la misère des uns, les larmes, le deuil et la douleur des autres, ou le sang répandu!

Cette soif de l'or est si intense que certains capitalistes en arrivent à perdre toute notion de morale sociale, toute notion de patrie, et leur internationalisme en devient, par suite, vraiment particulier: nous voyons, effectivement, la plupart de nos financiers et banquiers avancer des sommes énormes à nos pires ennemis, les soutenir dans les périodes difficiles, et commanditer sans vergogne l'industrie et le commerce étrangers, avec notre propre argent, pour leur permettre de venir plus facilement nous faire concurrence, même chez nous ! Que dis-je, ils s'emploient constamment, en faisant appel à l'épargne nationale, à fournir aux autres pays, par le moyen d'émissions savantes et d'emprunts, de quoi fabriquer des armes et s'acheter des canons!

Quant à nous, si nous avons besoin d'argent, dans un but industriel ou commercial; nous n'en trouvons jamais: les grandes banques ne s'intéressent pas aux affaires de second ordre, et n'accordent de crédit qu'à ceux qui n'en ont pas besoin; les petites banques, à leur tour, n'accordent des avances qu'à des taux usuraires, en doublant, ou triplant, le taux de l'intérêt légal de toute affaire, par une habile combinaison de commissions supplémentaires, de courtages et d'agios.

De sorte que, grâce à nos financiers et banquiers, notre argent, non seulement sert à faire le bonheur des étrangers, à notre propre détriment, mais encore fournit aux gouvernements de ces derniers les moyens de s'armer et de s'organiser pour nous tirer dessus, à l'occasion, et nous attaquer! C'est un comble!

Si j'ajoute, maintenant, que le premier facteur des guerres modernes se trouve être précisément l'argent, puisqu'il faut de l'argent pour nourrir les soldats, acheter des armes et des munitions, il s'ensuit par conséquent que tous les financiers et banquiers qui avancent des capitaux aux gouvernements étrangers sont de véritables traîtres à la patrie; et l'on est en droit de se demander, vraiment, comment il est possible que le Parlement tolère de semblables agissements, puisque ceux-ci sont susceptibles de provoquer la ruine irrémédiable de la France? La raison de cette coupable tolérance est majeure, malheureusement: comment voulez-vous que nos parlementaires touchent au capitalisme, puisqu'ils en sont, pour la plupart, les très humbles et très obéissants serviteurs! Aussi se gardent-ils bien d'inquiéter en quoi que ce soit les financiers leurs maîtres: ils réclameront à grands cris, au contraire, de nouvelles dépenses militaires, des augmentations d'effectifs, la loi de trois ans; ils organiseront une inquisition vexatoire pour les citoyens en imaginant des réquisitions de toute nature en cas de mobilisation, et chacun de nous sera tenu d'en faire la déclaration s'il possède un mulet, une voiture, un âne ou un cheval; en revanche, il ne leur viendra jamais à l'idée d'invoquer la raison de la défense nationale pour demander aux sociétés de crédit et aux banquiers de leur fournir le détail de leurs comptes courants étrangers, de leurs participations financières et crédits en blanc!

Si l'on empêchait, cependant, les capitalistes français d'avancer des millions aux gouvernements étrangers, c'en serait bientôt fait de la ruineuse paix armée des temps modernes, puisque les nations étrangères ne pourraient plus s'armer!

Il ne faut pas oublier, en effet, que la France est la grande pourvoyeuse d'argent du monde entier: c'est elle qui couvre tous les emprunts d'Etat; sans sa participation effective, aucune émission n'est possible.

Alors, pourquoi ne profite-t-elle pas de cette supériorité incontestable que sa richesse lui donne sur les autres pays? Pourquoi? Parce que ses financiers et banquiers l'exploitent, cette supériorité, à leur profit, et se moquent bien de la nation: quand un emprunt est consenti, avec l'autorisation du ministre des Affaires étrangères et celle du ministre de l'Intérieur, les banquiers se font immédiatement allouer des commissions énormes par les emprunteurs; ces sommes rentrent dans leurs poches et celles de leurs amis, mais viennent diminuer d'autant le chiffre total de l'emprunt; qu'en résulte-t-il? Il en résulte que nos banquiers se sont enrichis, que l'emprunteur n'est pas content, parce qu'il trouve ces conditions un peu dures parfois, et que nous, qui avons donné notre argent, sans en retirer aucun profit, en risquant même de le perdre quelquefois, nous passons gratuitement, aux yeux de l'étranger, pour de vulgaires usuriers!

L'intérêt des banquiers est ainsi directement opposé à celui du pays. Il est donc de toute nécessité de les empêcher de continuer leurs agissements monstrueux, qui peuvent être considérés comme de véritables crimes de lèse-patrie!

Pour cela, il n'y aurait qu'à faire voter une loi de défense nationale interdisant aux financiers de prêter de l'argent aux gouvernements étrangers ; il en résulterait inévitablement, comme je l'ai dit, un internationalisme nouveau, parce que les banques nationales corporatives avanceraient bien des capitaux, suivant leurs disponibilités, aux travailleurs étrangers, mais à la condition formelle que cet argent fût employé à un usage d'intérêt exclusivement corporatif; par contre, elles n'en prêteraient jamais à aucun gouvernement: des relations internationales des plus amicales s'établiraient immédiatement entre les travailleurs étrangers et nos corporations nationales; et cet internationalisme serait pratique, d'ordre corporatif, et dégagé de toute préoccupation politique; un désarmement général s'ensuivrait fatalement, parce que les gouvernements, une fois qu'ils n'auraient plus d'argent pour acheter des canons, seraient bien obligés de désarmer!

D'ailleurs, s'ils refusaient de le faire, nos banques corporatives en seraient quitte pour ne plus avancer d'argent à leurs nationaux: ces derniers, alors, pris entre leur gouvernement et nos avances, n'hésiteraient point à lâcher celui-là pour obtenir celles-ci, vous pouvez en être convaincus!

Et c'est ainsi que, sur une base corporative, la fraternité des peuples, qui avait passé jusque-là pour une chimère, un songe creux, pourra pratiquement s'établir pour devenir une réalité!

(*Conclusion*)

Voilà, Citoyens,, les sept lois qui seraient indispensables, avec les sept articles de la nouvelle Constitution républicaine que je vous ai déjà soumis, pour réorganiser complètement et pacifiquement la société.

Une infinité de problèmes sociaux, considérés comme insolubles, pourraient être alors facilement résolus, comme ceux de l'alcoolisme, de la prostitution, des habitations à bon marché, des ouvriers agricoles, des impôts, etc., etc...! par les représentants des corporations nationales. La question du féminisme, elle-même, se trouverait définitivement tranchée, puisque la loi accorderait à la femme, tout en tenant compte de sa conformation naturelle, les mêmes droits et avantages qu'aux autres travailleurs; les femmes pourraient donc voter, comme les hommes, dans leurs ateliers, nommer leurs délégués, sénateurs et députés; toutefois, elles ne pourraient pas siéger au Parlement, parce que j'estime qu'elles seraient un obstacle au bon travail des représentants de la nation: il ne faut pas oublier, en effet, que la femme a reçu de la nature l'apanage du charme, de la grâce et de la beauté, et que sa vue fait naître aussitôt dans le cœur de l'homme des sentiments multiples qui n'ont rien à voir habituellement avec la politique; les femmes députées n'en seraient pas moins femmes, et il y a déjà bien assez de sujets de rivalité parmi les hommes d'un Parlement, sans aller leur donner, par la présence de femmes au milieu d'eux, une cause de nouvelles divisions!

*
**

Et, maintenant, Citoyens, vous savez ce que signifie mon étiquette de CANDIDAT RÉPUBLICAIN TRANSFORMISTE.

Le transformisme est un nouveau système d'émancipation prolétarienne; il est basé sur les lois de la nature, les principes de la morale et ceux de la raison; il doit amener, fatalement, la fin du règne du capitalisme par une association corporative internationale des travailleurs; il doit enfin conduire l'humanité vers une ère de liberté, d'égalité, de fraternité, et de justice, par les moyens du travail et du pacifisme !

Tel est le programme, Citoyens, que je m'engage, sans vous faire aucune autre promesse, et si vous voulez bien m'accorder vos suffrages, à soutenir et défendre devant le Parlement.

Quel que soit le résultat des élections, j'aurai dans tous les cas la satisfaction d'avoir dûment rempli mon devoir de philosophe et de citoyen, puisque je vous aurai fait connaître une nouvelle formule de réorganisation sociale, pratiquement réalisable, ayant pour but d'empêcher la domination et l'exploitation humaines dans la société !

VIVE LA REPUBLIQUE TRANSFORMEE !

TABLE

Imp. J. de Bovet, 1-3, rue de Steinkerque, Paris.

Du même Auteur :

UN COIN DU VOILE.

Etude philosophique sur la recherche de la vérité .... **4 fr. 50**

L'ÉGALITÉ SOCIALE.

Etude sociologique .... **2 fr.**

L'ÉGALITÉ SOCIALE.

Extraits .... **0 fr. 25**

LA SCIENCE ET LE SPIRITISME, JÉSUS ET SA MISSION.

Conférences faites à la Société Allan Kardec .... **0 fr. 75**

LA BOUSSOLE .... **(Sous presse)**

En vente à PARIS :

chez l'Editeur, 14-16, boulevard Barbès

et chez Paul LEYMARIE, Libraire-Editeur, 42, rue Saint-Jacques.

Imprimerie J. de BOVET, 1-3, rue de Steinkerque, Paris.

www.ingramcontent.com/pod-product-compliance
Ingram Content Group UK Ltd.
Pitfield, Milton Keynes, MK11 3LW, UK
UKHW022051190726
13855UKWH00002B/476

9 782013 416276